Einstern
Mathematik für Grundschulkinder

Themenheft 1
✯ Die Zahlen bis 1000
✯ Geometrie Teil 1 –
Achsensymmetrie

Erarbeitet von Roland Bauer und Jutta Maurach

In Zusammenarbeit mit der
Cornelsen Redaktion Grundschule

Cornelsen

Einstern 3

Mathematik für Grundschulkinder
Themenheft 1
Die Zahlen bis 1 000
Geometrie Teil 1 –
Achsensymmetrie

Erarbeitet von: Roland Bauer, Jutta Maurach

Fachliche Beratung: Prof'in Dr. Silvia Wessolowski

Fachliche Beratung exekutive Funktionen: Dr. Sabine Kubesch, INSTITUT BILDUNG plus, im Auftrag des ZNL TransferZentrum für Neurowissenschaften und Lernen, Ulm

Redaktion: Friederike Thomas, Peter Groß, Uwe Kugenbuch

Illustration: Yo Rühmer

Illustration der Geldscheine und Münzen: Chrinstine Wächter

Umschlaggestaltung: Cornelia Gründer, agentur corngreen, Leipzig

Layout und technische Umsetzung: lernsatz.de

fex steht für *Förderung exekutiver Funktionen*. Hierbei werden neueste Erkenntnisse der kognitiven Neurowissenschaft zum spielerischen Training exekutiver Funktionen für die Praxis nutzbar gemacht. **fex** wurde vom **ZNL TransferZentrum für Neurowissenschaften und Lernen** *(www.znl-ulm.de)* an der Universität Ulm gemeinsam mit der **Wehrfritz GmbH** *(www.wehrfritz.com)* ins Leben gerufen. Der Cornelsen Verlag hat in Kooperation mit dem ZNL ein Konzept für die Förderung exekutiver Funktionen im Unterrichtswerk *Einstern* entwickelt.

Bildnachweis

15 Euroscheine: Cornelsen/Christine Wächter/Deutsche Bundesbank;
1-Euro-Münze: Cornelsen/Christine Wächter/Deutsche Bundesbank/Luc Luycx aus Belgien.

www.cornelsen.de

1. Auflage, 4. Druck 2023

Alle Drucke dieser Auflage sind inhaltlich unverändert
und können im Unterricht nebeneinander verwendet werden.

Druck: Athesiadruck GmbH

ISBN 978-3-06-083691-8
ISBN 978-3-06-084230-8 (E-Book: alle Themenhefte 3)

PEFC-zertifiziert
Dieses Produkt stammt aus nachhaltig bewirtschafteten Wäldern

PEFC
PEFC/18-31-166   www.pefc.de

Inhaltsverzeichnis

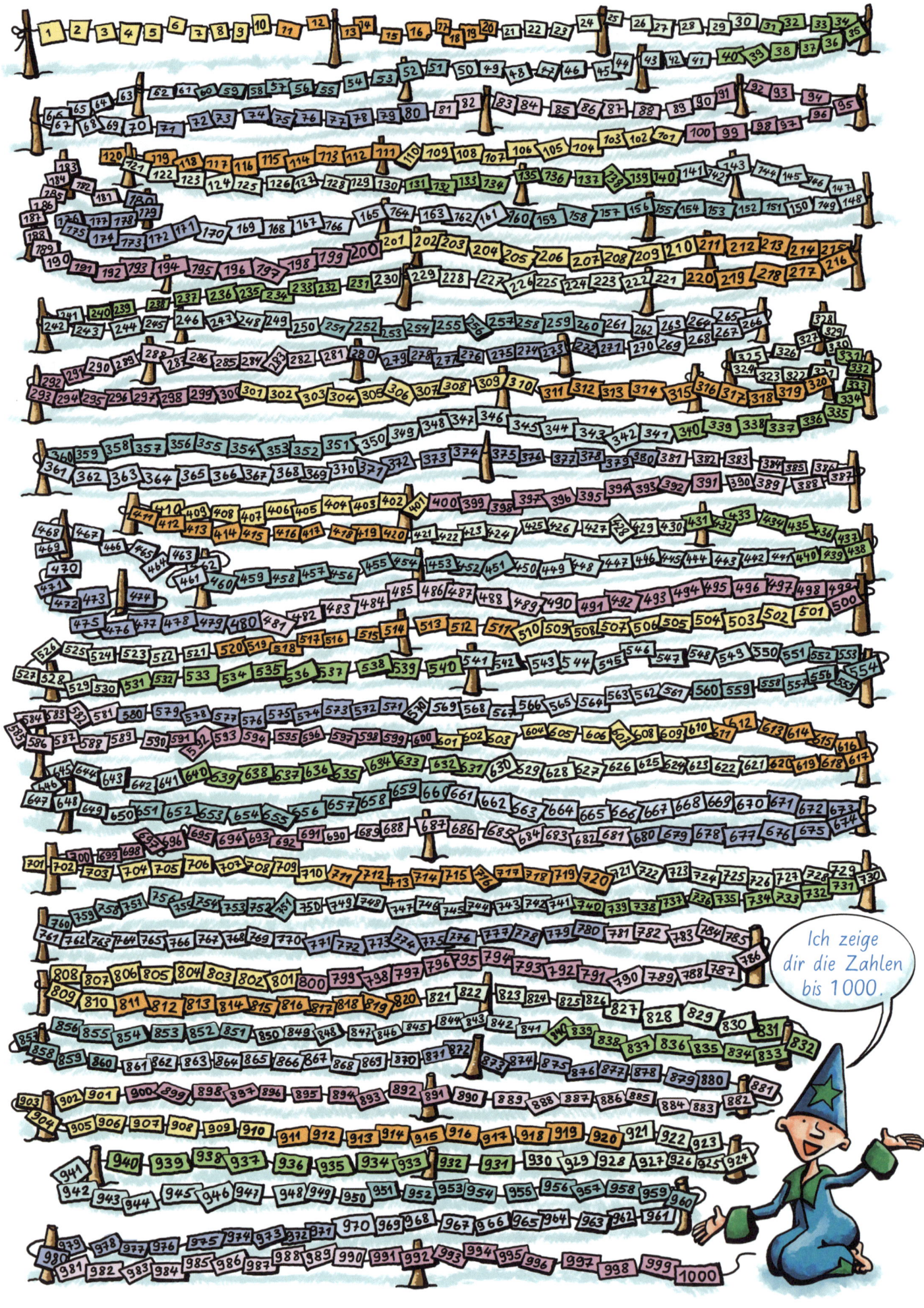

Ich zeige dir die Zahlen bis 1000.

Zahlen finden und verstehen

B ON 215
Würzburg 237 km
Frankfurt 222 km
Kassel 34 km
1000 Holzperlen
2
1
E
Tragfähigkeit
940 kg
oder 12
Personen
P
400 m
145
800 Teile
112
400 g
300 m
480 €
PARIS
ab 370,- €
F-Kalbach
Würzburg
Offenbach
661 Frankfurt
Bad Homburg
Frankf. Kreuz
Kassel
661
Jade
450 g

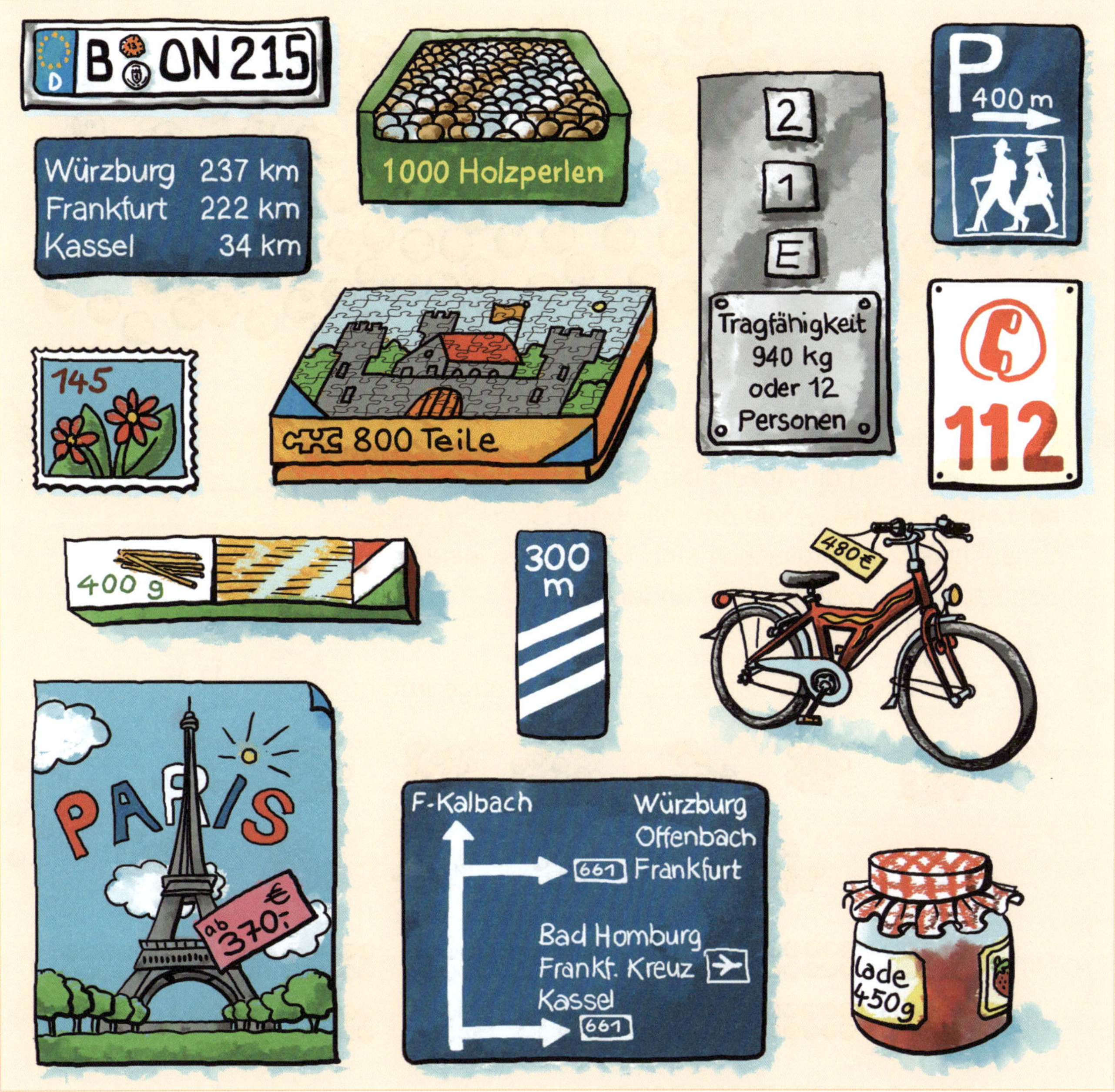

1 Besprich mit einem anderen Kind, was diese Zahlen bedeuten.

2 Suche große Zahlen.

a) Suche in deiner Umgebung, in Katalogen oder Zeitungen weitere Abbildungen mit großen Zahlen. Besprich mit einem anderen Kind, was sie bedeuten.

b) Zeichne oder klebe diese Bilder in dein Heft. Du kannst auch mit anderen Kindern ein Plakat gestalten.

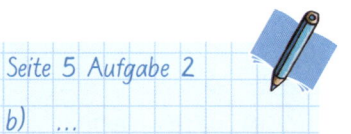

Seite 5 Aufgabe 2
b) ...

* untersuchen und erläutern verschiedene Bedeutungen von Zahlen aus ihrer Umwelt
* tauschen sich mit anderen Kindern über sachrelevante Informationen aus
* suchen eigene Beispiele, dokumentieren und präsentieren diese

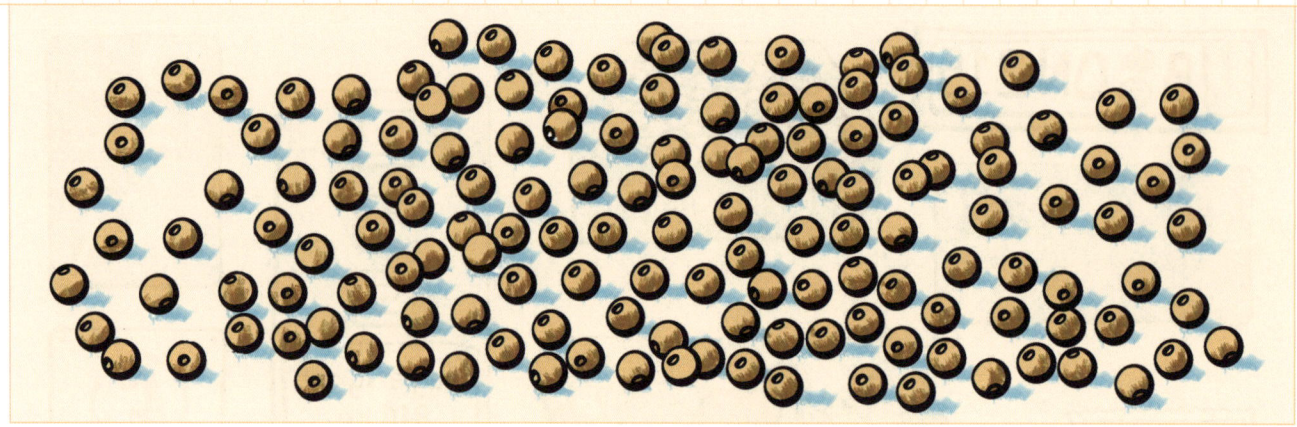

 1 Schätze, wie viele Holzperlen es sind.
Überlege, wie du die Anzahl der Perlen am besten
bestimmen kannst. Zähle anschließend. Schreibe beide
Ergebnisse auf. Vergleiche deine Vorgehensweise beim
Schätzen und Zählen mit der anderer Kinder.

Seite 6 Aufgabe 1

geschätzt: ...

gezählt: ...

 2 Zum Zählen haben die Kinder die Perlen so angeordnet:

Maja:

Tim:

Lea:

a) Besprich mit einem anderen Kind, wie die Kinder die Perlen
jeweils zusammengefasst haben.

b) Überlegt gemeinsam, bei welcher Anordnung ihr die Anzahl
am besten bestimmen könnt.

200 700 400   900 300 500 100   500 300 600 200 800

★ schätzen und bestimmen Anzahlen

6 ★ erkennen und nutzen Strukturen bei der Anzahlerfassung
★ beschreiben und begründen das eigene Vorgehen und vergleichen es mit dem anderer Kinder

1 Wie viele Sonnenblumenkerne hat die Sonnenblume?
Schätze und schreibe dein Ergebnis auf.
Beachte dabei Einsterns Hinweis.

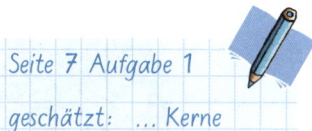

Seite 7 Aufgabe 1

geschätzt: ... Kerne

Das sind 50 Kerne.

2 Wie viele Perlen passen
etwa in den Glasbehälter?
Schätze und schreibe
dein Ergebnis auf.

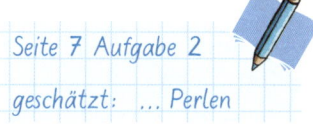

Seite 7 Aufgabe 2

geschätzt: ... Perlen

 3 Vergleiche deine Vorgehensweise bei den
Aufgaben **1** und **2** mit der Vorgehensweise
eines anderen Kindes und begründe sie.

4 Wie viele Steckwürfel passen
in deine Brotdose?

a) Schätze und schreibe dein
Ergebnis auf.

b) Reinige deine Brotdose und lege dann
die Bodenfläche mit Steckwürfeln aus.
Schätze nochmals und schreibe auch
dieses Ergebnis auf.

c) Fülle nun die gesamte Dose mit Steckwürfeln. Zähle sie dabei.

d) Solche Versuche kannst du auch mit anderen Gegenständen durchführen.

Seite 7 Aufgabe 4

a) erste Schätzung: ...
b) zweite Schätzung: ...
c) genaue Zahl: ...

★ schätzen und bestimmen Anzahlen
★ entwickeln und vergleichen Strategien beim Schätzen
★ übertragen ihre Erkenntnisse auf ähnliche Sachverhalte

Bündelungen als Zählhilfe nutzen

In jedem Strauß sind 10 Rosen.

1 So verschickt die Gärtnerin ihre Blumen:

a) Bestimme die Anzahl der Rosen in einem Karton.

b) Bestimme die Anzahl der Kartons, der Sträuße und der Rosen auf der Palette.

 c) Tausche dich mit einem anderen Kind aus, wie man die Anzahl der Rosen auf der Palette bestimmen kann.

Seite 8 Aufgabe 1

a) In jedem Karton sind ... Rosen.

b) ...

2 Bestimme jeweils die Anzahl der Kartons, Sträuße und Rosen und schreibe sie in dein Heft.

a)

Seite 8 Aufgabe 2		
	Kartons	Sträuße	Rosen
a)	0	4	4 0
b)	...	...	...

b)

c)

d)

e)

f)

★ nutzen planvoll und systematisch die Struktur des Zehnersystems
★ erkennen die Zehnerbündelung als nützliche Strukturierung von größeren Anzahlen an konkreter Alltagssituation

Einer, Zehner, Hunderter und Tausender kennenlernen

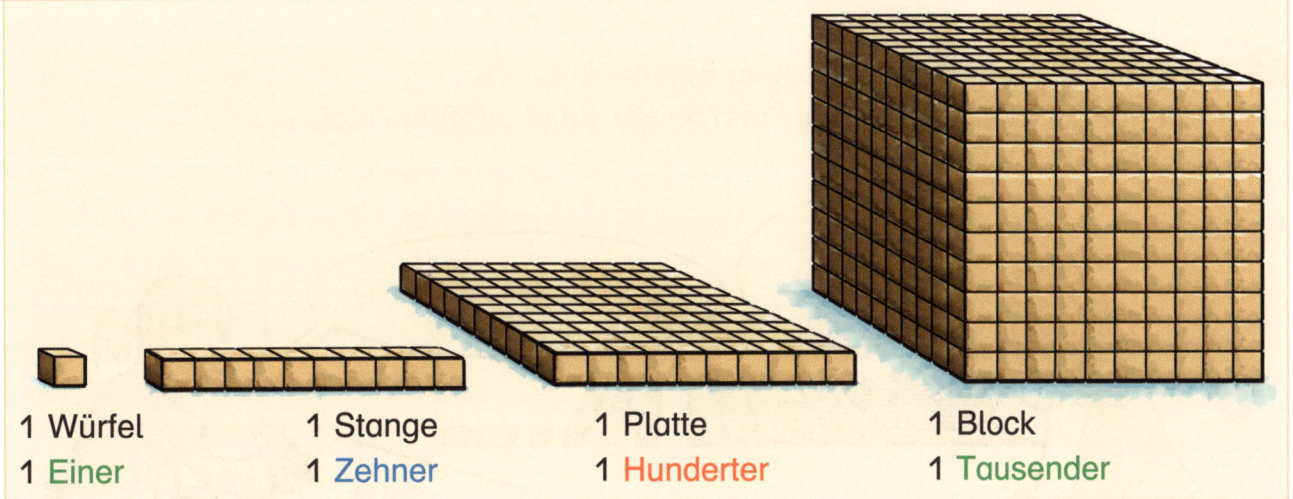

1 Würfel	1 Stange	1 Platte	1 Block
1 Einer	1 Zehner	1 Hunderter	1 Tausender

1 Betrachte den Zusammenhang zwischen Würfel, Stange, Platte und Block.

a) Wie viele Platten hat ein Block?

b) Wie viele Stangen hat eine Platte, ein Block?

c) Wie viele kleine Würfel hat eine Stange, eine Platte, ein Block?

Seite 9 Aufgabe 1
a) Ein Block hat 10 Platten.   b)   ...

2 Was fällt dir bei den Ergebnissen von Aufgabe **1** auf?
Sprich mit einem anderen Kind darüber.

3 Bestimme die Anzahl der kleinen Würfel.

a)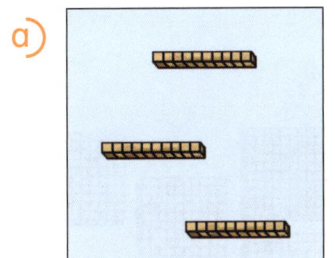

b)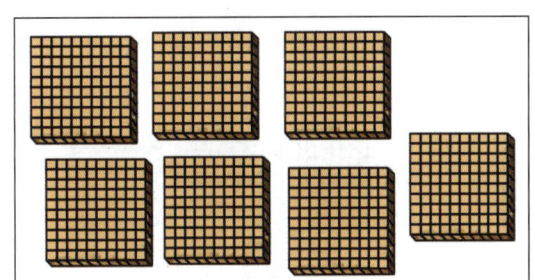

Seite 9 Aufgabe 3
a)   3 Zehner, 3 0
b)   ...

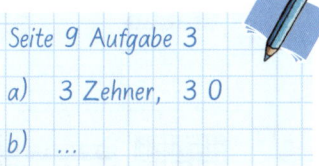

c)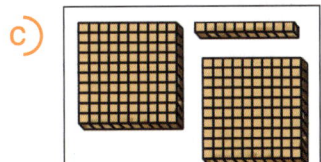

d)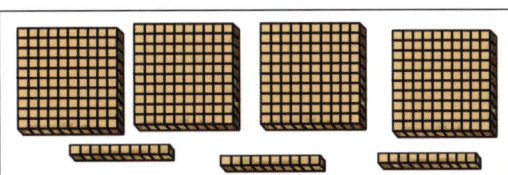

4 Lege Zahlen mit Platten
und Stangen oder Hunderter-
feldern und Zehnerstreifen.
Dein Partner nennt die Zahlen.
Wechselt die Rollen.

dreihundert

★ nutzen planvoll und systematisch die Struktur des Zehnersystems und
begründen Beziehungen zwischen verschiedenen Zahldarstellungen
★ betrachten, formulieren und begründen Zusammenhänge zwischen den Stufen des Zehnersystems

9

1 Lege mit Hundertern, Zehnern und Einern eine Zahl.
Dein Partner bestimmt die Zahl und notiert sie in der Stellentafel.
Wechselt die Rollen.

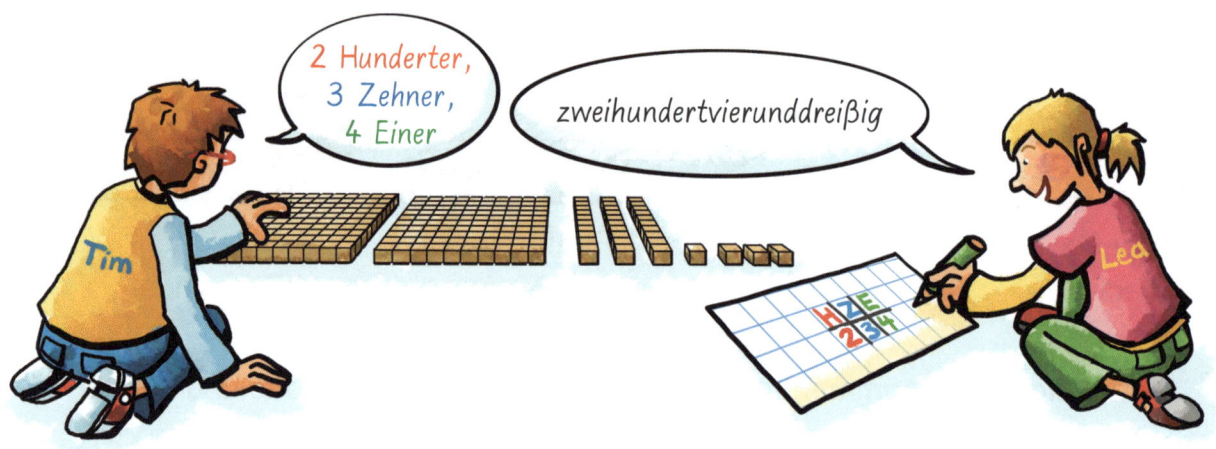

2 Bestimme für jedes Bild die Anzahl der Hunderter, Zehner und Einer.
Schreibe in eine Stellentafel.

a)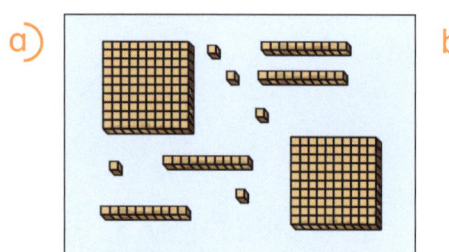

b)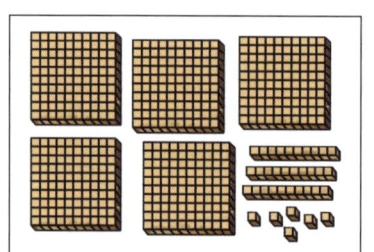

Seite 10 Aufgabe 2

a)
	H	Z	E
2 H 4 Z 5 E	2	4	5

b)
...

c)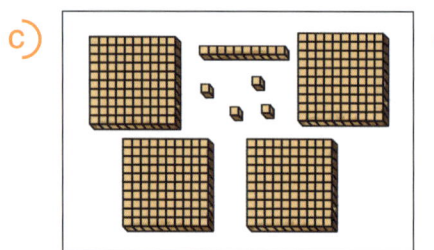

d)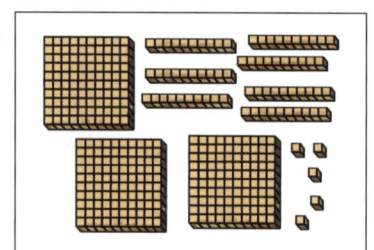

e)

f)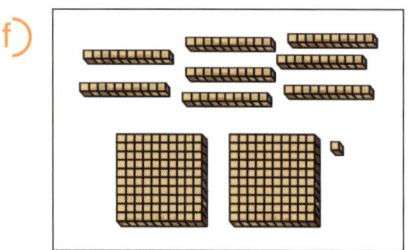

g)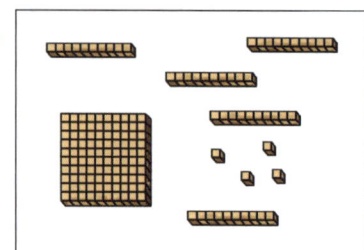

h)

500 → 200 900   300 → 100 700 600   400 → 800 200 700 600

* nutzen planvoll und systematisch die Struktur des Zehnersystems und
begründen Beziehungen zwischen verschiedenen Zahldarstellungen
* übertragen eine Darstellung in eine andere

→ AH Seite 4

Hunderter, Zehner und Einer kannst du so aufzeichnen und aufschreiben.

1 Bestimme für jedes Bild die Anzahl der Hunderter, Zehner und Einer.
Schreibe in eine Stellentafel und als Zahl.

a) ☐☐☐IIII..   b) ☐☐☐☐III..... ..

c) ☐IIIIII I...   d) ☐☐☐☐☐II....

e) ☐☐☐I.....   f) ☐☐..

g) ☐☐☐☐IIIII   h) ☐☐☐☐☐ ☐..... ..

Seite 11 Aufgabe 1

a)   H Z E   b)   ...
    3 4 2   3 4 2

2 Suche dir mindestens vier Stellentafeln aus.
Zeichne dazu Bilder in dein Heft und schreibe die passenden Zahlen auf.

a)
H	Z	E
1	3	5

b)
H	Z	E
2	3	6

c)
H	Z	E
3	2	4

d)
H	Z	E
5	3	8

e)
H	Z	E
7	5	4

f)
H	Z	E
9	3	9

Seite 11 Aufgabe 2

a) ☐ III.....   1 3 5

b) ...

3 Blitzgucken:

Lege verdeckt eine Zahl mit Hundertern, Zehnern und Einern. Zeige sie einem Partner. Zähle dabei langsam bis drei. Verdecke deine Zahl wieder. Dein Partner nennt die gelegte Zahl. Wechselt die Rollen.

4 Überlege mit einem anderen Kind, wie du die Zahl bei Aufgabe ❸ legen musst, damit dein Partner sie schnell erkennen kann.

★ nutzen planvoll und systematisch die Struktur des Zehnersystems und begründen Beziehungen zwischen verschiedenen Zahldarstellungen
★ übertragen eine Darstellung in eine andere

1 Suche dir ein anderes Kind. Gib ihm die Anzahl der Hunderter, Zehner und Einer vor. Dein Partnerkind legt die Zahl und nennt sie. Wechselt auch die Rollen.

3 Hunderter
1 Zehner
2 Einer

dreihundertzwölf

Lea

Tim

2 Schreibe zu jedem Bild die Anzahl der Hunderter, Zehner und Einer. Schreibe die Plusaufgabe dazu.

a) ☐☐▯|||||....   b) ☐☐☐|||...... .

c) ☐||||| ||..   d) ☐☐☐☐☐|||.....

e) ☐☐☐||.   f) ☐☐☐☐☐...

g) ☐☐▯|||||| | h) ☐☐☐☐☐ ☐☐.....

```
Seite 12 Aufgabe 2
a)   2 H     5 Z   4 E           b)  ...
     2 0 0 + 5 0 + 4   = 2 5 4
```

3 Bestimme die Zahlen.

a) 4H 7Z 3E   b) 3H 8Z   c) 9H 2E

   7H 2Z 4E   5H 3Z   4H 1E

   6H 3Z 5E   2H 7Z   2H 6E

```
Seite 12 Aufgabe 3
a)   4 0 0 + 7 0 + 3 = 4 7 3      b)  ...
     ⋮
```

4 Stelle die Zahlen als Plusaufgabe dar.

a) 821   b) 903   c) 620

   507   123   470

   658   370   702

d) Suche dir 3 Zahlen und schreibe sie jeweils als Plusaufgabe.

```
Seite 12 Aufgabe 4
a)   8 2 1 = 8 0 0 + 2 0 + 1      b)  ...
     ⋮
```

800 300 600   100 700 500 900   500 700 400 800 200

★ übertragen eine Darstellung in eine andere
★ zerlegen Zahlen im Zahlenraum bis 1000

→ AH Seite 5
→ Ü Seite 1

1 Schreibe auf, welche Zahlen dargestellt sind.

□ = H, ▯ = Z, ○ = E

a) □□□□□▯▯▯▯○○○○○ ○○

b) □□□□□□▯ ▯▯○○○○

c) □□□□□○○

Ist das Geheimschrift?

⌂ = H, 🌳 = Z, ✿ = E

d) ⌂⌂⌂⌂🌳🌳🌳🌳🌳✿✿✿

e) ✿✿✿✿✿⌂⌂⌂🌳🌳

f) 🌳⌂🌳✿⌂✿⌂🌳

≈ = H, 🐟 = Z, 🐚 = E

g) 🐚 ≈ 🐟 🐚 ≈ 🐟 🐚 🐟 🐟 ≈ 🐚 ≈ 🐟 🐚 🐟 🐚 ≈ 🐚 🐚 ≈ 🐟 🐚 🐟 ≈ 🐚 ≈

Seite 13 Aufgabe 1

a) 5 5 7   b) ...

2 Überlege dir selbst Zeichen für Hunderter, Zehner und Einer und zeichne Zahlenbilder als Geheimschrift. Bitte ein anderes Kind, deine Zahlen zu entschlüsseln. Sprecht darüber, warum die Lösungen richtig oder falsch sind.

Seite 13 Aufgabe 2

H = ...

Z = ...

E = ...

★ stellen Zahlen durch unterschiedliche Stellenwertsymbole als Bild dar
★ finden zu gegebenen mathematischen Modellen eigene Darstellungsformen

Punktebilder verwenden

| 100 | 200 | 300 | 400 | 500 | 600 | 700 | 800 | 900 | 1 000 |

Das sind
tausend Punkte.

1 Schreibe zu jedem Punktebild die passende Zahl auf.

a)

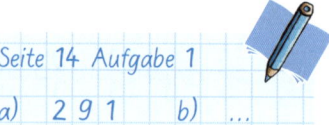

Seite 14 Aufgabe 1
a)   2 9 1   b)   ...

b)

c)

d)

e)

2 Lege selbst Punktebilder.
Lass dir von einem anderen
Kind die passenden
Zahlen nennen.
Wechselt die Rollen.

zweihundert-
neunundvierzig

⋆ nutzen planvoll und systematisch die Struktur des Zehnersystems
⋆ erkennen und nutzen Strukturen bei der Anzahlerfassung
→ Ü Seite 2

Geldbeträge legen und bestimmen

 **1** Suche dir ein anderes Kind. Legt die Geldbeträge
mit 100-€-Scheinen, 10-€-Scheinen und 1-€-Münzen.

257 €	614 €
461 €	634 €
504 €	450 €

257 Euro

2 Trage die Anzahlen der einzelnen Scheine und Münzen in eine Tabelle ein.
Schreibe den Geldbetrag dazu.

a)

b)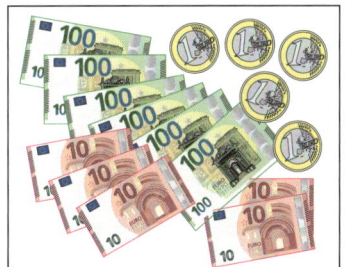

Seite 15 Aufgabe 2

a)

100	10	①	
4	2	6	4 2 6 €

b) ...

c)

d)

3 Bestimme die Geldbeträge. Schreibe die passenden Plusaufgaben auf.

a)
100	10	1
7	3	5

b)
100	10	1
5	7	2

Seite 15 Aufgabe 3

a) 7 0 0 € + 3 0 € + 5 € = 7 3 5 €

b) ...

c)
100	10	1
4	6	8

d)
100	10	1
2	0	9

500	800	100		700	900	300	400		600	200	800	300	400

★ nutzen planvoll und systematisch die Struktur des Zehnersystems bei der Darstellung von Geldbeträgen
★ übertragen Geldbeträge in Stellenschreibweise und additive Zerlegungen

15

Zahlen in der Stellentafel darstellen

Ich habe die Zahl 462 mit Plättchen in der Stellentafel gelegt.

1 Schreibe die dargestellten Zahlen in dein Heft.

a)    b)    c)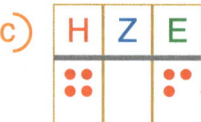

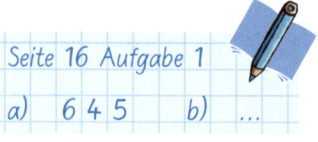

Seite 16 Aufgabe 1
a) 6 4 5   b) ...

2 Zeichne die Zahlen in eine Stellentafel.

a) 341   b) 517   c) 402   d) 221

Seite 16 Aufgabe 2
a)   H Z E

3 Schreibe auf, welche Zahlen aus der abgebildeten Zahl jeweils entstehen.

a) Nimm in der Hunderterspalte ein Plättchen weg.

Seite 16 Aufgabe 3
a) 5 5 4   b) ...

b) Lege in der Zehnerspalte zwei Plättchen dazu.

c) Verschiebe ein Plättchen aus der Einerspalte in die Hunderterspalte.

4 Schreibe auf, welche Zahlen jeweils entstehen können.

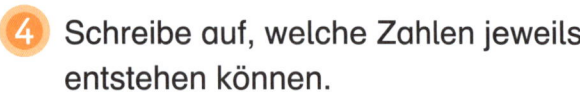

Seite 16 Aufgabe 4

Maja: 3 6 7, ...

Ich nehme an einer Stelle 2 Plättchen weg.

Ich lege 2 Plättchen dazu.

Ich verschiebe 1 Plättchen.

5 Schreibe auf, welche Zahlen du in der Stellentafel darstellen kannst.
Du kannst auch zuerst mit Plättchen in einer Stellentafel legen.

a) alle 6 Zahlen, die du mit 2 Plättchen darstellen kannst

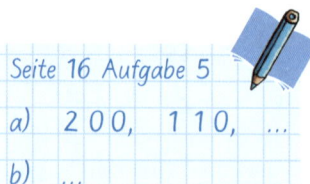

Seite 16 Aufgabe 5
a) 2 0 0,   1 1 0, ...
b) ...

b) die drei größten Zahlen, die du mit 3 Plättchen darstellen kannst

c) die kleinste Zahl, die du mit 4 Plättchen darstellen kannst:
In jeder Spalte muss mindestens ein Plättchen liegen.

★ nutzen planvoll und systematisch die Struktur des Zehnersystems
★ erkennen die Wirkung von Veränderungen innerhalb der Stellentafel und einzelner Stellenwerte
★ erkennen mathematische Zusammenhänge und entwickeln unterschiedliche Lösungsmöglichkeiten

Dreihundert *und* vierzig *und* fünf
sind dreihundertfünfundvierzig.

345

| einhundert | zweihundert | dreihundert | vierhundert | fünfhundert |

| sechshundert | siebenhundert | achthundert | neunhundert |

| zehn | zwanzig | dreißig | vierzig | fünfzig |

| sechzig | siebzig | achtzig | neunzig |

| eins | zwei | drei | vier | fünf | sechs | sieben | acht | neun |

1 Schreibe die Zahlen in dein Heft.

a) fünfhundertsechsundzwanzig

b) vierhundertzweiunddreißig

c) zweihundertvier

d) dreihundertneunzig

e) siebenhundertsiebenundvierzig

f) achthundertfünfundsechzig

Seite 17 Aufgabe 1

a)   5 2 6   b)   ...

2 Schreibe die Zahlen als Zahlwörter.
Bitte ein anderes Kind, die Zahlwörter zu kontrollieren.

a) 234   b) 463   c) 837   d) 520
e) 601   f) 976   g) 103   h) 799

Seite 17 Aufgabe 2

a)   zweihundertvierunddreißig

b)   ...

3 Zahlen aus Hundertern, Zehnern und Einern zusammensetzen

a) Setze mit diesen Karten mindestens 5 Zahlen zusammen.
Schreibe sie als Zahl und als Zahlwort auf.

Seite 17 Aufgabe 3

a)   ...

| 400 | 200 | 9 | 30 | 2 | 700 | 50 |

b) Überlege, wie viele Zahlen du insgesamt bilden kannst.
Vergleiche deine Lösungen und dein Vorgehen mit denen eines anderen Kindes.

★ übertragen den Wert der einzelnen Stellen in Sprache und entsprechende Zahlwörter
★ bilden selbst aus Einern, Zehnern und Hundertern unterschiedliche Zahlen
★ finden verschiedene Ergebnisse und vergleichen ihre Vorgehensweise

→ Ü Seite 3

Zahlzeichen der Steinzeitmenschen kennenlernen

Vor vielen tausend Jahren reichten den Steinzeitmenschen die Finger an beiden Händen nicht mehr aus, um z. B. eine größere Menge Schafe zu zählen. Die Forscher glauben, dass sich dann immer drei Personen zusammensetzten. Der Erste streckte für jedes gezählte Schaf einen Finger aus. Der Zweite tauschte zwei volle Hände der ersten Person gegen einen ausgestreckten Finger. Die erste Person hatte dann wieder alle Finger frei. Erst wenn die zweite Person auch alle Hände „voll" hatte, kam die dritte Person mit dem ersten Finger an die Reihe. Wurde eine Hand nicht benötigt, hielt man sie als geschlossene Faust.

So sahen die Zahlzeichen aus:

geschlossene Faust: ⸠

Anzahl der Finger (z. B. 4): ⸙

 1 Wie viele Schafe haben die drei Steinzeitmenschen auf dem Bild gerade gezählt? Besprich deine Überlegungen mit einem anderen Kind.

2 Was würden wir heute sagen? Schreibe in dein Heft.

a) Die erste Person zählt ...

b) Die zweite Person zählt ...

c) Die dritte Person zählt ...

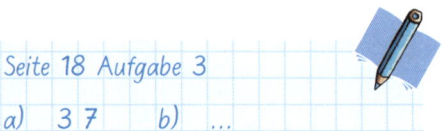

3 Übertrage die Zahlzeichen in unsere Zahlen.

a)

Einer	Zehner	Hunderter
⸙ ⸠	⸙ ⸠	⸠ ⸠

b)

E	Z	H
⸙ ⸠	⸙ ⸙	⸠ ⸠

c)

E	Z	H
⸙ ⸙	⸠ ⸠	⸙ ⸠

4 Übertrage in „Höhlenschrift".

a) 366　　b) 703　　c) 999　　d) 1 000

e) Wähle selbst eine Zahl, die du in „Höhlenschrift" überträgst.

* erkennen in Zahldarstellungen aus der Steinzeit die Zusammenhänge zu unserem heutigen Zehnersystem
* erklären Gesetzmäßigkeiten des Zehnersystems bei der Vorgehensweise der Steinzeitmenschen
* begründen Beziehungen zwischen verschiedenen Zahldarstellungen

Altägyptische Zahlen lesen und schreiben

Die alten Ägypter gehörten zu den Ersten, die Zahlen und Rechnungen aufschrieben. Um 3000 vor Christus benutzten sie diese Zahlzeichen:

 Eine Einkerbung in einem Kerbholz war die Zahl 1: |

 Das Joch der Ochsengespanne wurde für die Zahl 10 genommen: ∩

 Das Maßband der Landvermesser erhielt den Zahlenwert 100: ℓ

 Die Lotusblume wurde zum Zeichen für die Zahl 1000: ⌇

1 Schreibe die altägyptischen Zahlen mit unseren Ziffern.

a) ℓℓℓ   b) ∩∩∩∩∩

c) ||||||||| d) ∩|

e) ℓ∩∩∩   f) ℓℓℓℓℓ∩∩|||||

g) ℓℓ|| h) ℓℓℓℓℓℓℓℓℓ∩∩∩∩∩∩∩∩∩∩||||||||||

Seite 19 Aufgabe 1
a) 300   b) ...

2 Überlege dir selbst Zahlen, die du mit altägyptischen Zahlzeichen in dein Heft schreiben möchtest.

Seite 19 Aufgabe 2
...

3 Die Zahlzeichen der alten Ägypter waren vereinfachte Bilder von Dingen, die in ihrem Leben eine wichtige Rolle spielten.

a) Welche Dinge spielen in deinem täglichen Leben heute eine wichtige Rolle?

b) Wie könnten unsere Zahlzeichen heute aussehen, wenn wir wie die alten Ägypter Bilder als Zahlen benutzen würden?

Seite 19 Aufgabe 3
b)   Zeichen für die   1: ...
*   Zeichen für die   10: ...*
*   ⋮*
c)   ...

c) Schreibe dein Geburtsdatum mit deinen Zahlzeichen.

 d) Besprich deine Ergebnisse mit einem anderen Kind.

★ erkennen in ägyptischen Zahldarstellungen die Zusammenhänge mit unserem Zehnersystem
★ übertragen Zahldarstellungen in unterschiedliche, auch selbst erfundene passende Symbole

Die Tausendertafel kennenlernen

1	2	3	4	5	6	7	8	9	10														204					209	
11	12	13	14	15	16	17	18	19	20	111	112	113	114	115	116	117	118	119	120	211									
21	22	23	24	25	26	27	28	29	30													223		225					
31	32	33	34	35	36	37	38	39	40																			239	
41	42	43	44	45	46	47	48	49	50																	247			
51	52	53	54	55	56	57	58	59	60	151	152	153	154	155	156	157	158	159	160		252				256				
61	62	63	64	65	66	67	68	69	70											261							268		
71	72	73	74	75	76	77	78	79	80	171	172	173	174	175	176	177	178	179	180				274						
81	82	83	84	85	86	87	88	89	90													283				287			
91	92	93	94	95	96	97	98	99	100												292						298		

501	502	503	504	505	506	507	508	509	510			603		605		607				701				705					
511	512	513	514	515	516	517	518	519	520			613		615		617							714						
521	522	523	524	525	526	527	528	529	530			623		625		627												729	
531	532	533	534	535	536	537	538	539	540			633		635		637					732								
541	542	543	544	545	546	547	548	549	550			643		645		647										747			
551	552	553	554	555	556	557	558	559	560			653		655		657				751				755					
561	562	563	564	565	566	567	568	569	570			663		665		667												769	
571	572	573	574	575	576	577	578	579	580			673		675		677									776				
581	582	583	584	585	586	587	588	589	590			683		685		687						783							
591	592	593	594	595	596	597	598	599	600			693		695		697				791								798	

 1 Schau dir an, wie die einzelnen Zahlen in der Tausendertafel angeordnet sind.

Betrachte • die einzelnen Zeilen,
• die einzelnen Spalten,
• die einzelnen Hundertertafeln.

Sprich mit einem anderen Kind darüber, was dir auffällt.

2 Suche die Zahlen und schreibe sie in dein Heft.

a) alle Hunderterzahlen

b) alle Zahlen, die in der Zeile rechts neben 111 stehen

c) alle Zahlen, die in der Zeile rechts neben 211 stehen

d) alle Zahlen, die in der Zeile links neben 247 stehen

e) alle Zahlen, die in der Spalte unter 605 stehen

f) alle Zahlen, die in der Spalte unter 705 stehen

g) alle Zahlen, die in der Spalte über 798 stehen

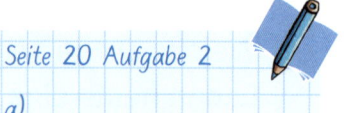

				305	306				
		314				317			
	323						328		
332								339	
									350
									360
362								369	
	373						378		
		384				387			
			395	396					

411									
	422								
		433							
			444						
				455					
					466				
						477			
							488		
								499	

> Zehn Hundertertafeln sind eine Tausendertafel.

823							828		
			845	846					
			855	856					
873							878		

901									910
991									1000

3 Suche die Zahlen und schreibe sie in dein Heft.

a) genau unter 314

b) genau über 828

c) rechts von 466

d) links von 910

e) 4 Kästchen unter 317

f) 5 Kästchen über 488

g) 6 Kästchen rechts von 362

h) 3 Kästchen links von 1000

i) 10 Kästchen rechts von 873

k) 10 Kästchen links von 455

Seite 21 Aufgabe 3
a) 3 2 4   b) ...

 4 Stelle einem anderen Kind Fragen zur Tausendertafel. Wechselt die Rollen.

Welche Zahl ist 2 Kästchen rechts von 287?

289

→ AH Seiten 6 und 7
→ Ü Seite 4

Knobelaufgaben und Zahlenrätsel zur Tausendertafel lösen

501	502	503	504	505	506	507	508	509	510
511	512	513	514	515	516	517	518	519	520
521	522	523	524	525	526	527	528	529	530
531	532	533	534	535	536	537	538	539	540
541	542	543	544	545	546	547	548	549	550
551	552	553	554	555	556	557	558	559	560
561	562	563	564	565	566	567	568	569	570
571	572	573	574	575	576	577	578	579	580
581	582	583	584	585	586	587	588	589	590
591	592	593	594	595	596	597	598	599	600

eine Hundertertafel –
ein Ausschnitt aus der
Tausendertafel

1 Suche die Zahlen in der Hundertertafel und schreibe sie in dein Heft.

a) alle Zahlen, die 3 Einer haben

b) alle Zahlen, die 5 Zehner haben

c) alle Zahlen, die mindestens eine 7 haben

d) alle Zahlen, bei denen Zehner und Einer gleich sind

Seite 22 Aufgabe 1
a) 5 0 3 , 5 1 3 , …
b) …

2 Bestimme die Anzahlen und schreibe sie in dein Heft.

a) Bestimme, wie viele Zahlen mit 6 Einern
in der Hundertertafel vorkommen.

b) Bestimme, wie viele Zahlen mit 6 Einern in der
Tausendertafel vorkommen. Du kannst auch auf die Seiten 20 und 21 schauen.

c) Bestimme, wie viele Zahlen mit 8 Zehnern in der Hundertertafel vorkommen.

d) Bestimme, wie viele Zahlen mit 8 Zehnern in der Tausendertafel vorkommen.
Du kannst auch auf die Seiten 20 und 21 schauen.

Seite 22 Aufgabe 2
a) 1 0 Zahlen   b) …

3 Löse die Zahlenrätsel.

Seite 22 Aufgabe 3
Patrick: …

Meine Zahl
hat 9 Hunderter,
8 Zehner und
3 Einer.

Bei meinen
Zahlen sind Hunderter,
Zehner und Einer
jeweils gleich.

Ich starte
bei 156. Meine Zahl liegt
5 Hundertertafeln weiter an
der gleichen Stelle.

4 Schreibe selbst Zahlenrätsel. Stelle deine Rätsel
einem anderen Kind oder in der Klasse vor.
Vergleicht eure Rätsel. Kann jedes Rätsel gelöst werden?

Seite 22 Aufgabe 4
…

22

★ orientieren sich im Zahlenraum bis 1 000
★ lösen Zahlenrätsel
★ finden eigene Aufgaben und Fragestellungen durch Variieren vorgegebener Beispiele

Zahlen am Zahlenstrahl ablesen

1 Schreibe auf, auf welche Zahlen die Pfeile zeigen.

a)
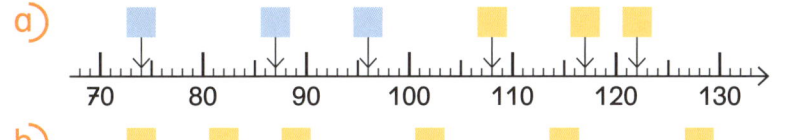

70   80   90   100   110   120   130

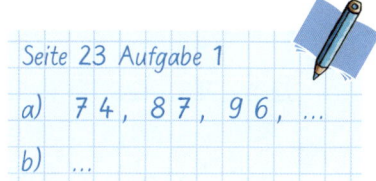

Seite 23 Aufgabe 1

a) 7 4 , 8 7 , 9 6 , ...

b) ...

b)
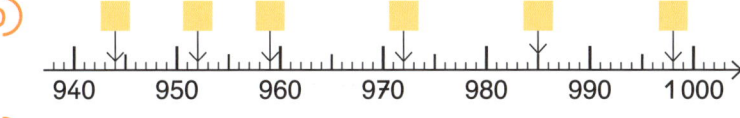

940   950   960   970   980   990   1 000

c)
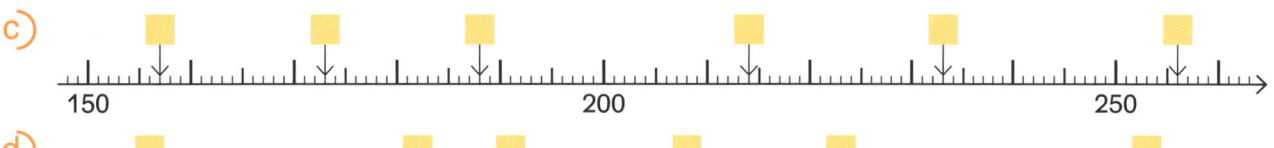

150   200   250

d)
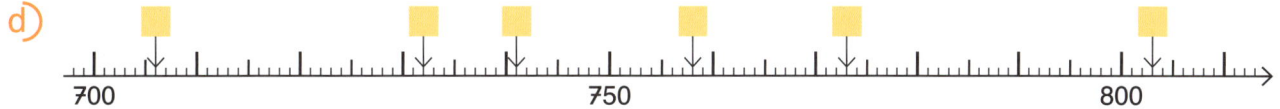

700   750   800

2 Schreibe auf, welche Zahl dargestellt sein könnte.

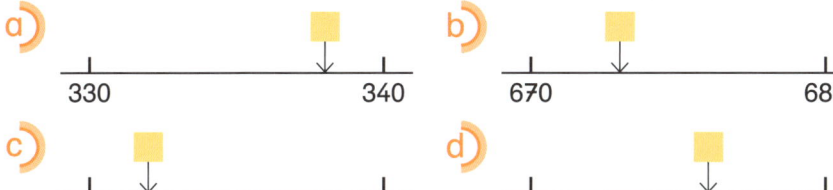

a)
330   340

b)
670   680

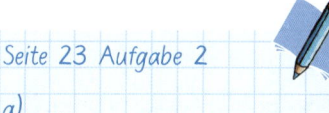

Seite 23 Aufgabe 2

a) ...

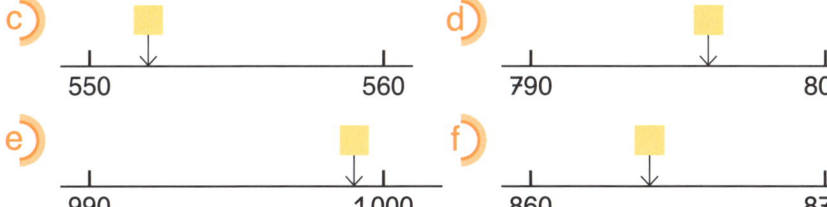

c)
550   560

d)
790   800

e)
990   1 000

f)
860   870

3 Bestimme die Zahl, die genau in der Mitte zwischen den beiden Zahlen liegt.

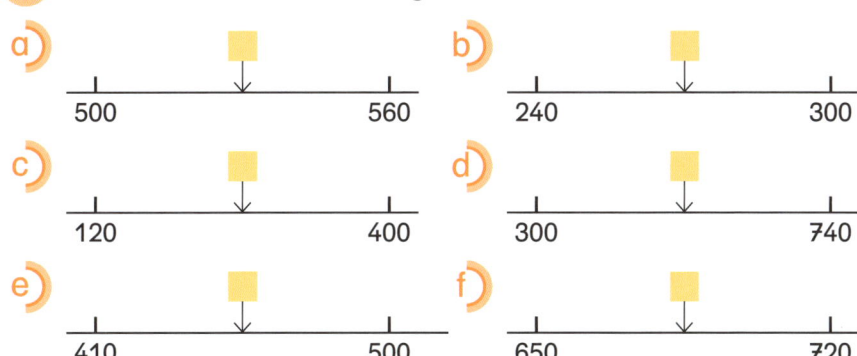

a)
500   560

b)
240   300

Seite 23 Aufgabe 3

a) ...

c)
120   400

d)
300   740

e)
410   500

f)
650   720

4 Suche dir ein anderes Kind.
Vergleicht eure Vorgehensweisen bei den Aufgaben **2** und **3**.

5 Du hast bisher verschiedene Möglichkeiten kennengelernt,
Zahlen bis 1 000 darzustellen. Beschreibe in deinem Lerntagebuch,
mit welcher Darstellung du dir Zahlen am besten vorstellen kannst.
Schreibe ein Beispiel auf und begründe deine Auswahl.

→ AH Seite 8
→ Ü Seite 5

★ übertragen bekannte Strukturen und Anordnungen
des Zahlenstrahls auf den Zahlenraum bis 1 000
★ orientieren sich im Zahlenraum bis 1 000

23

Nachbarzehner und Nachbarhunderter bestimmen

1 Bestimme die Nachbarzehner und schreibe sie auf.

a) 345
b) 767
c) 348
d) 401
e) 996
f) 724
g) 86
h) 639

Seite 24 Aufgabe 1
a) 340, 345, 350
b) ...

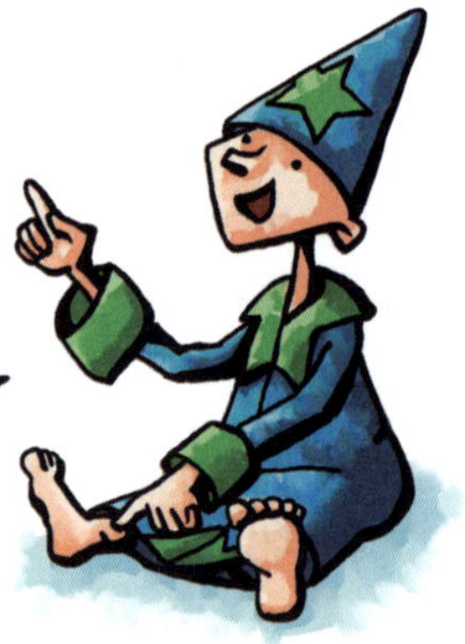
340 und 350 sind die Nachbarzehner von 345.
300 und 400 sind die Nachbarhunderter von 345.

2 Bestimme die Nachbarhunderter und schreibe sie auf.

a) 345
b) 667
c) 832
d) 587
e) 754
f) 479

Seite 24 Aufgabe 2
a) 300, 345, 400
b) ...

← 600 900 200

← 400 700 300 800

← 100 500 300 900 700

- orientieren sich im Zahlenraum bis 1000
- bestimmen Nachbarzehner und Nachbarhunderter

 1 Suche dir ein anderes Kind. Schreibe ihm Zahlen zwischen 100 und 1000 auf. Dein Partner nennt dir zu jeder Zahl den Vorgänger und den Nachfolger und schreibt beide auf.

2 Bestimme Vorgänger und Nachfolger.

a) ▦ 157 ▦   b) ▦ 321 ▦   c) ▦ 790 ▦

d) ▦ 183 ▦   e) ▦ 500 ▦   f) ▦ 419 ▦

Seite 25 Aufgabe 2
a) 1 5 6 , 1 5 7 , 1 5 8   b) ...

3 Bestimme die Zahl, die zwischen den beiden vorgegebenen Zahlen liegt.

a) 389 ▦ 391   b) 401 ▦ 403   c) 899 ▦ 901

d) 169 ▦ 171   e) 698 ▦ 700   f) 998 ▦ 1000

Seite 25 Aufgabe 3
a) 3 8 9 , 3 9 0 , 3 9 1   b) ...

4 Bestimme zu jeder Zahl die Nachbarzehner.

a) 416   b) 607   c) 794

d) 500   e) 994   f) 350

Seite 25 Aufgabe 4
a) 4 1 0 , 4 1 6 , 4 2 0   b) ...

5 Bestimme zu jeder Zahl die Nachbarhunderter.

a) 328   b) 640   c) 459

d) 873   e) 532   f) 965

Seite 25 Aufgabe 5
a) 3 0 0 , 3 2 8 , 4 0 0   b) ...

 6 Finde mindestens 6 Zahlen, bei denen ein Nachbarzehner und ein Nachbarhunderter gleich sind. Vergleiche deine Ergebnisse mit denen eines anderen Kindes und erkläre, wie du vorgegangen bist.

Seite 25 Aufgabe 6
...

→ AH Seite 9
→ Ü Seite 6

★ orientieren sich im Zahlenraum bis 1000 unter Verwendung der Fachbegriffe Vorgänger, Nachfolger, Nachbarzehner und Nachbarhunderter
★ finden mehrere Lösungen und vergleichen sie mit denen anderer Kinder

25

Ungefähre Zahlangaben machen – Zahlen runden

Mit gerundeten Zahlen kann ich schneller rechnen.

Beim Schätzen, Überprüfen von Ergebnissen und beim Überschlagsrechnen (ein Ergebnis ungefähr bestimmen) verwendet man oft gerundete Zahlen:

z. B. die nächstgelegene Zehnerzahl
184 ⟶ 180
186 ⟶ 190

oder die nächstgelegene Hunderterzahl
184 ⟶ 200
136 ⟶ 100

1 Schreibe die Zahlen mit ihren beiden Nachbarzehnern in dein Heft. Achte auf die Einer. Umkreise den Nachbarzehner, der näher bei der Zahl liegt.

a) 284 b) 388 c) 599 d) 739
e) 856 f) 233 g) 477 h) 654

Seite 26 Aufgabe 1
a) (280), 284, 290 b) ...

2 Schreibe die Zahlen mit ihren beiden Nachbarhundertern in dein Heft. Achte auf die Zehner. Umkreise den Nachbarhunderter, der näher bei der Zahl liegt.

a) 140 b) 670 c) 780 d) 360
e) 637 f) 728 g) 849 h) 361

Seite 26 Aufgabe 2
a) (100), 140, 200 b) ...

3 Bei 5 wird zur nächsthöheren Zehnerzahl gerundet.
Bei 50 wird zur nächsthöheren Hunderterzahl gerundet.

Hinten 5 oder 50, was nun?
Tim

a) Runde zum nächsten Zehner.
365 ⟶ ▢ 495 ⟶ ▢ 205 ⟶ ▢

b) Runde zum nächsten Hunderter.
250 ⟶ ▢ 750 ⟶ ▢ 449 ⟶ ▢

Seite 26 Aufgabe 3
a) 365 ⟶ 370
⋮
b) 250 ⟶ 300
⋮

4

Die Ausstellung war mit rund 450 Besuchern ein voller Erfolg.

Wie viele Besucher waren es wohl genau? 445 oder 446? Oder sogar 454?
Mai-Lin

Wie viele Besucher könnten es genau gewesen sein?

a) rund 70 b) rund 340
c) rund 1000 d) rund 700

Seite 26 Aufgabe 4
a) rund 70: genau 65, 66, 67, ... oder 74 Besucher
b) ...

* orientieren sich im Zahlenraum bis 1000
* erkennen und wählen beim Runden geeignete Regeln
* nutzen die Bedeutung von Nachbarzehner und Nachbarhunderter

Rätsel und Knobelaufgaben lösen

Lisa: Meine Zahl liegt zwischen 580 und 590 und hat als Einerziffer eine 5.

Paul: Meine Zahl liegt zwischen 300 und 400 und hat drei gleiche Ziffern.

Maja: Meine Zahl liegt genau zwischen 600 und 800.

1 Löse die Zahlenrätsel.

Seite 27 Aufgabe 1

Lisa: ...

2 Schreibe selbst Zahlenrätsel.
Stelle deine Rätsel einem anderen Kind oder
in der Klasse vor. Vergleicht eure Rätsel.

Seite 27 Aufgabe 2

...

3 Schreibe alle Zahlen auf, die du
mit diesen Ziffernkärtchen legen kannst.

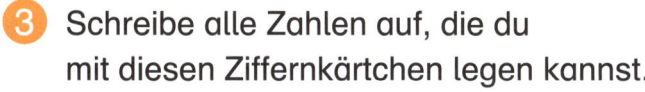

a) alle Zahlen zwischen   1 und   10

b) alle Zahlen zwischen   10 und   100

c) alle Zahlen zwischen 100 und 1 000

Seite 27 Aufgabe 3

a)   3 , 5 , ...

b)   3 5 , ...

4 Du hast folgende Ziffernkärtchen:
Bilde daraus die gesuchten Zahlen
und schreibe sie in dein Heft.

a) die kleinste und die größte dreistellige Zahl

b) die Zahl, die am nächsten bei 500 liegt

c) die beiden zweistelligen Zahlen,
die auf dem Zahlenstrahl am
weitesten voneinander entfernt liegen

d) die beiden zweistelligen Zahlen,
die auf dem Zahlenstrahl am nächsten
beieinanderliegen

e) Besprich deine Ergebnisse mit einem anderen Kind.

Seite 27 Aufgabe 4

a) ...

213 ist eine dreistellige Zahl. Sie hat Hunderter, Zehner und Einer.

58 ist eine zweistellige Zahl. Sie hat nur Zehner und Einer.

5 Schreibe gemeinsam mit einem anderen Kind
zwei Zahlen auf, die auf dem Zahlenstrahl gleich
weit von 430 entfernt sind. Findet 10 solcher Paare.

Seite 27 Aufgabe 5

4 2 0 , 4 4 0

...

★ verknüpfen beim Lösen der Zahlenrätsel zwei Informationen
★ finden zu gegebenem Modell eigene Zahlenrätsel und präsentieren diese unter Verwendung geeigneter Fachsprache
★ probieren und finden systematisch und zielorientiert verschiedene Lösungen und überprüfen sie auf Plausibilität

 1 Wähle mit einem Partner eine Zahl zwischen 100 und 1 000 aus. Bestimmt, wie ihr zählen wollt: vorwärts oder rückwärts, in Einer-, Zehner- oder Hunderterschritten. Zählt abwechselnd. Wählt dann eine neue Startzahl.

2 Ergänze die Zahlenfolgen.
Überlege zuerst, wie du von einer Zahl zur nächsten kommst.

a) 294 295 296 ▦ ▦ ▦ ▦ ▦ ▦ 303

b) 983 982 981 ▦ ▦ ▦ ▦ ▦ ▦ 974

c) 778 788 798 ▦ ▦ ▦ ▦ ▦ ▦ 868

d) 837 827 817 ▦ ▦ ▦ ▦ ▦ ▦ 747

e) 150 250 350 ▦ ▦ ▦ ▦ ▦ ▦ 1050

f) 967 867 767 ▦ ▦ ▦ ▦ ▦ ▦ 67

g) 461 462 464 467 ▦ ▦ ▦ ▦ ▦ 506

h) 200 202 206 212 ▦ ▦ ▦ ▦ ▦ 290

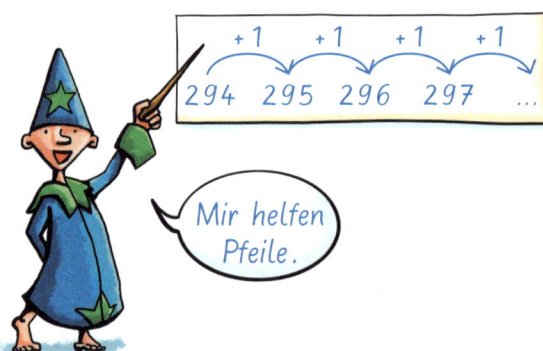

Seite 28 Aufgabe 2
a)   immer 1 mehr
   2 9 4, 2 9 5, 2 9 6, 2 9 7, ...
b)   ...

+1 +1 +1 +1
294 295 296 297   ...

Mir helfen Pfeile.

3 Eigene Zahlenfolgen aufschreiben

a) Finde selbst andere Zahlenfolgen.
Schreibe sie in dein Heft.

Seite 28 Aufgabe 3
a)   ...

b) Schreibe den Anfang einer Zahlenfolge auf. Bitte ein anderes Kind, deine Zahlenfolge fortzusetzen.

c) Schreibe das Ende einer Zahlenfolge auf. Bitte ein anderes Kind, die vorausgehenden Zahlen zu ergänzen.

d) Überlege und besprich mit einem anderen Kind, wie viele Zahlen du kennen musst, damit du eine Zahlenfolge fortsetzen kannst.

  ★ orientieren sich im Zahlenraum bis 1 000 durch flexibles Zählen
★ entwickeln arithmetische Muster, setzen diese fort und verändern sie systematisch

→ AH Seiten 10 und 11
→ Ü Seite 7

Die Zeichen < und > verwenden

 1 Suche dir einen Partner. Jeder schreibt eine dreistellige Zahl auf einen Zettel. Vergleicht die Zahlen. Verwendet die Zeichen < und >.

2 Setze die Zeichen < und > passend ein.

a) 312 ● 303   b) 483 ● 486   c) 321 ● 312

d) 937 ● 973   e) 434 ● 443   f) 268 ● 553

> *Seite 29 Aufgabe 2*
> a) 3 1 2 > 3 0 3   b) ...

3 Setze passende Zahlen ein.
Schreibe mindestens drei unterschiedliche Lösungen auf.

a) 512 < ■   b) 148 > ■   c) 452 > ■

d) ■ > ■   e) ■ < ■   f) ■ > ■

> *Seite 29 Aufgabe 3*
> a) 5 1 2 < ...   b) ...

4 Setze passende Zahlen ein. Schreibe mindestens drei unterschiedliche Lösungen auf. Bestimme dann die Anzahl aller Zahlen, die du einsetzen kannst.

a) 782 < ■ < 791

b) 342 > ■ > 324

> *Seite 29 Aufgabe 4*
> a) 7 8 2 < ... < 7 9 1   b) ...
> ⋮

5 Ordne die Zahlen der Größe nach. Beginne mit der kleinsten Zahl.

a)
302		418
481	312	
	321	381

b)
623		326
	632	
263	236	362

Beginne mit der größten Zahl.

c)
443		478
	434	
487	490	409

d)
573		735
	375	
753	357	537

> *Seite 29 Aufgabe 5*
> a) 3 0 2 < 3 1 2 < ...
> b) ...
> c) 4 9 0 > 4 8 7 > ...
> d) ...

 **6** Beschreibe in deinem Lerntagebuch, welche Hilfen du auf den Seiten 24 bis 29 verwenden kannst, um Zusammenhänge zwischen den Zahlen zu erkennnen und darzustellen.

→ AH Seite 12
→ Ü Seite 8

* ordnen und vergleichen Zahlen und begründen Beziehungen zwischen Zahlen

1

Beim Spielefest haben die Kinder folgende Punkte erreicht:

Name	Tim	Patrick	Lea	Meral	Lena	Paul	Ole	Maja
Punkte	774	922	907	944	809	876	731	805

Finde drei Fragen zur Tabelle.
Schreibe sie in dein Heft und beantworte sie.

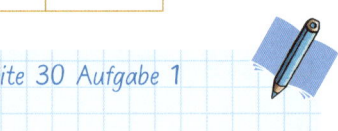

Seite 30 Aufgabe 1
...

2 Betrachte die Fahrräder im Schaufenster.

a) Ordne die Fahrräder nach dem Preis.

b) Schreibe auf, welches Fahrrad von wem gekauft wird:
   – Herr Schmitt kauft ein Fahrrad für weniger
     als 400 € und mehr als 300 €.
   – Frau Göbel muss zwischen 200 € und 300 € bezahlen.
   – Frau Weiß bezahlt weniger als 600 € und mehr als 400 €.
   – Das Fahrrad, das Lea und ihr Vater kaufen, kostet fast 200 €.

 c) Finde selbst Aussagen. Stelle sie einem anderen Kind vor.
   Bitte es herauszufinden, welche Fahrräder es sein können.

Seite 30 Aufgabe 2
a) ...
b) Herr Schmitt kauft das
   rote Fahrrad für 3 1 8 €.

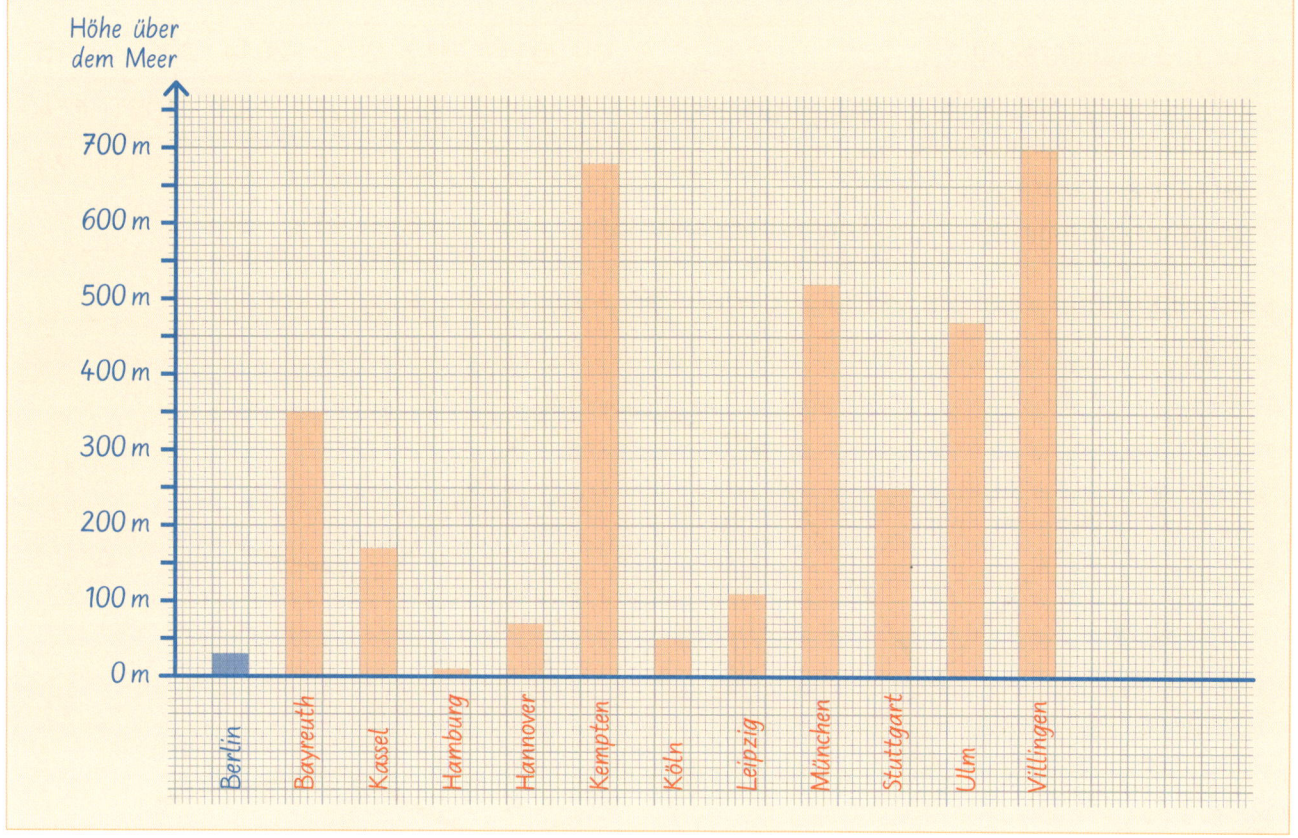

1 Lies aus dem Säulendiagramm ab, wie hoch
die Städte in etwa über dem Meer liegen.
Stelle die Ergebnisse in einer Tabelle dar.

Seite 31 Aufgabe 1

Stadt	Höhe über dem Meer
Berlin	30 m
...	

2 Beantworte die Fragen:

a) Welche Stadt liegt am höchsten?

Seite 31 Aufgabe 2

a) ...

b) Auf welcher Höhe liegt Stuttgart?

c) Vergleiche jeweils die Höhe von zwei Städten.
Verwende „liegt höher als" oder „liegt niedriger als".
Schreibe mindestens vier Vergleiche auf.

d) Ordne die Städte nach ihrer Höhe.

3 Mithilfe welcher Darstellung (Säulendiagramm oder Tabelle)
konntest du die Fragen in Aufgabe **2** schnell beantworten?
Erkläre deine Überlegungen einem anderen Kind.

4 Besorge dir Landkarten von deiner Umgebung
oder deinem Urlaubsgebiet und erstelle selbst
ein Säulendiagramm.

★ entnehmen einem Säulendiagramm Daten und stellen sie strukturiert dar
★ nutzen und bewerten geeignete Darstellungsformen für das Bearbeiten mathematischer Probleme
★ übertragen selbst gesammelte und vorgegebene Daten in ein Diagramm

Informationen entnehmen und darstellen

Für die Schillerschule wurden die Ergebnisse der Bundesjugendspiele der letzten Jahre zusammengestellt:

	2011	2012	2013	2014	2015	2016
Siegerurkunde	120	95	127	133	108	114
Ehrenurkunde	75	65	62	71	83	79
Teilnehmerurkunde	35	50	41	26	39	37

Ein Diagramm lässt die Veränderungen von Jahr zu Jahr leicht erkennen.

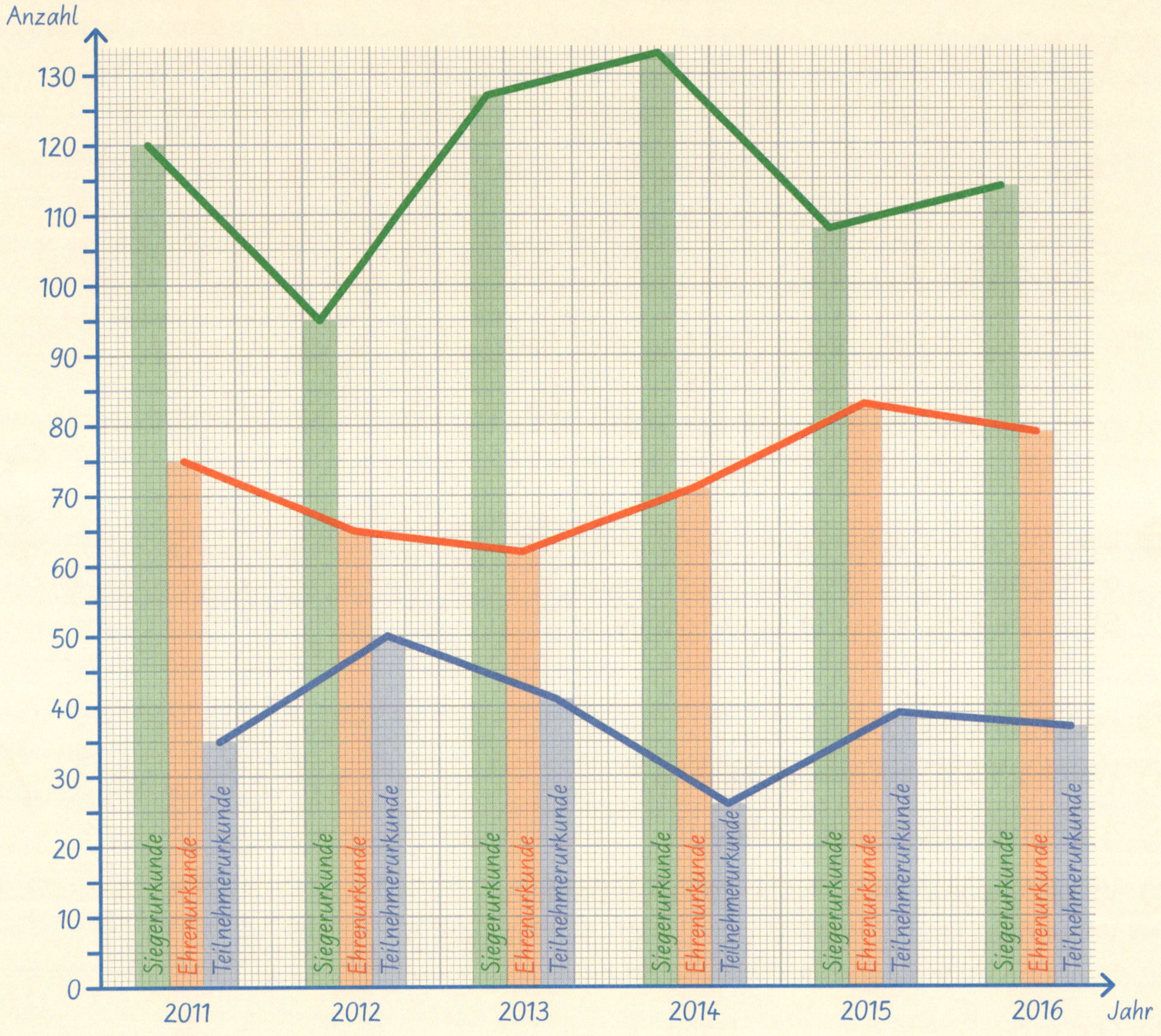

Anzahl

130
120
110
100
90
80
70
60
50
40
30
20
10
0

Siegerurkunde   Ehrenurkunde   Teilnehmerurkunde

2011   2012   2013   2014   2015   2016   *Jahr*

 1 Schreibe möglichst viele Informationen auf, die du dem Diagramm entnehmen kannst. Besprich sie mit einem anderen Kind.

Seite 32 Aufgabe 1

...

 2 Besorge dir gemeinsam mit anderen Kindern Daten eurer Schule und versucht, ein solches Diagramm zu erstellen.

Seite 32 Aufgabe 2

...

* erkennen Möglichkeiten der Darstellung von Entwicklungsprozessen durch Diagramme im zeitlichen Zusammenhang
* entnehmen einer grafischen Darstellung dieser Prozesse erweiterte Informationen und vergleichen diese
* sammeln und vergleichen Daten ihrer Lebenswirklichkeit und stellen sie strukturiert dar

Blüten falten und schneiden

Die Faltlinie heißt Symmetrieachse. Sie teilt die Figur in zwei gleiche Teile. Beim Falten liegen diese Teile genau aufeinander. Die Figur ist achsensymmetrisch.

1 Falte, zeichne und schneide eine Blüte wie Einstern. Verwende quadratisches Papier.

2 Stelle eigene Blüten her. Überlege, wie viele Symmetrieachsen deine Blüten haben.

3 Du kannst gemeinsam mit anderen Kindern aus euren Blüten eine Blumenwiese gestalten. Vielleicht faltet und schneidet ihr auch Blätter.

4 Es wurde zweimal gefaltet und geschnitten und dann aufgefaltet. Schreibe auf, was zusammengehört.

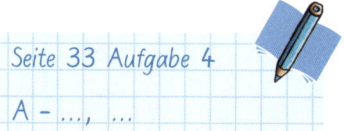

Seite 33 Aufgabe 4

A – ..., ...

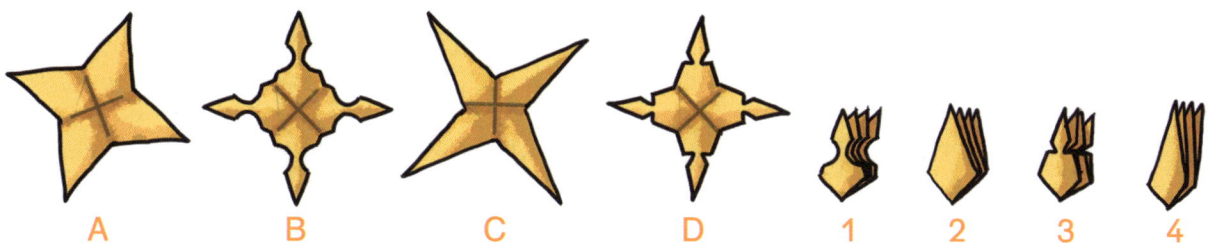

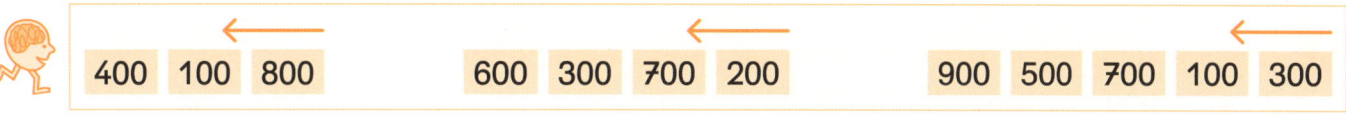

1 Stelle fest, welche Figuren achsensymmetrisch sind und welche nicht.
Nutze dafür einen Spiegel. Fertige eine Tabelle an.

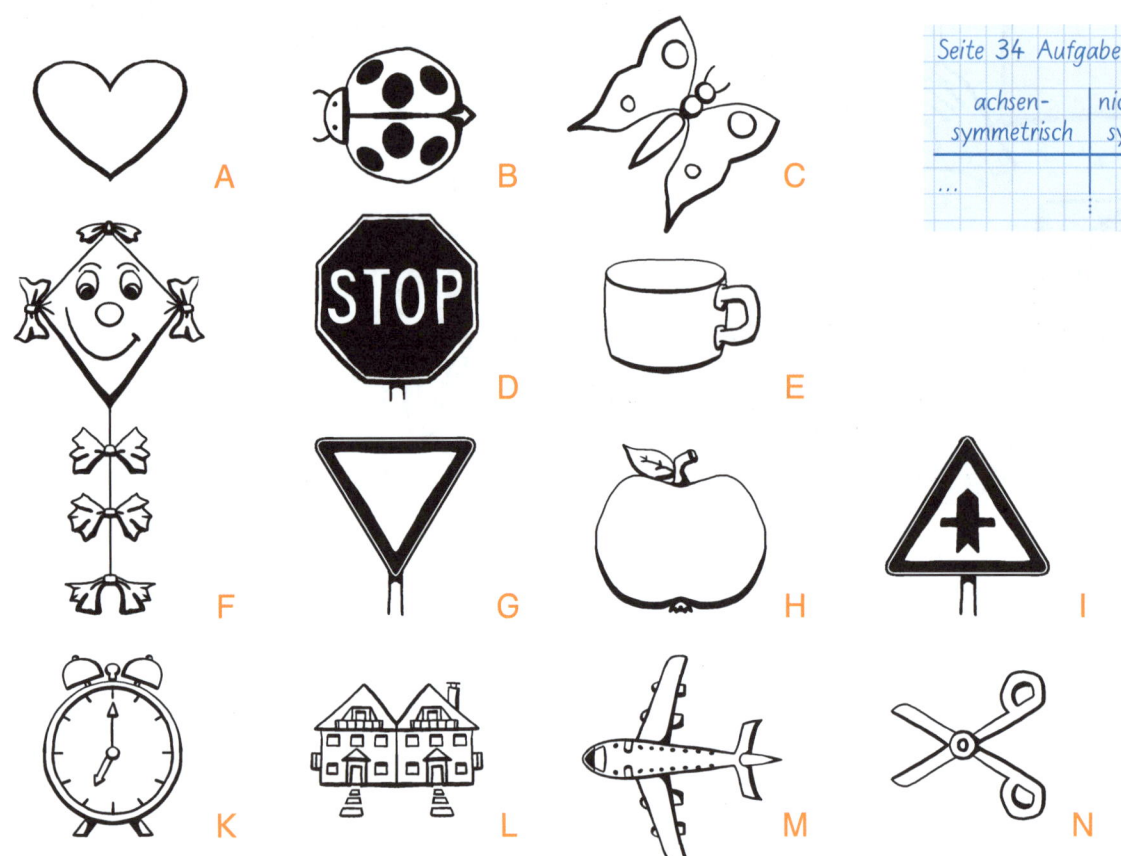

2 Hier wurden beim Zeichnen der achsensymmetrischen Figuren Fehler gemacht.
Schreibe bei jeder Figur auf, was falsch ist.

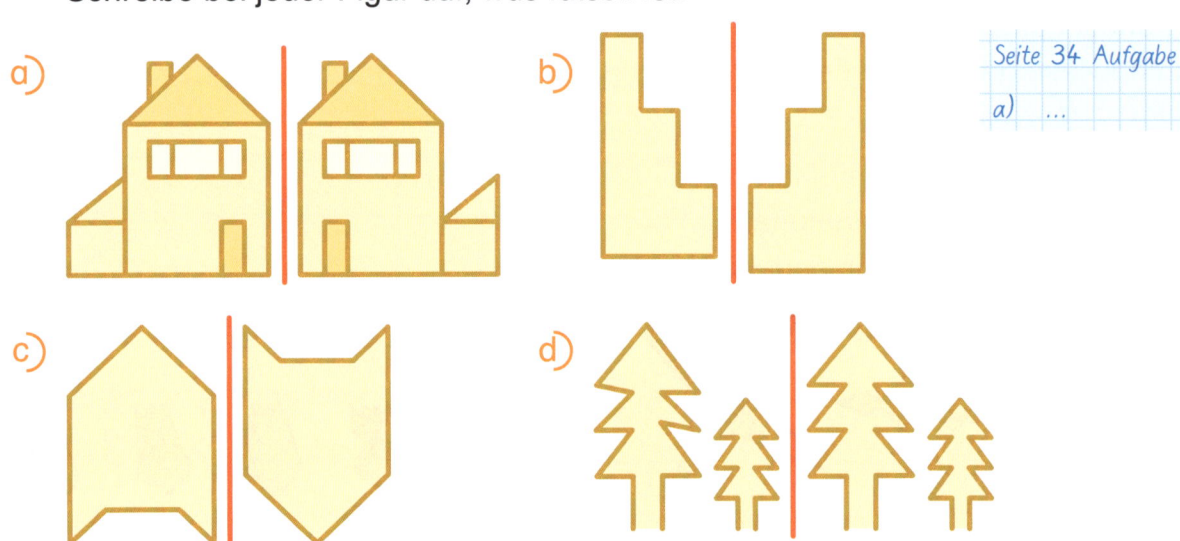

3 Zeichne selbst eine achsensymmetrische Figur mit Fehlern.
Bitte ein anderes Kind, die Fehler zu suchen.

★ erkennen achsensymmetrische und nicht achsensymmetrische Figuren
★ finden und benennen Fehler hinsichtlich der Eigenschaft Achsensymmetrie
★ erzeugen achsensymmetrische Figuren (mit Fehlern)

→ AH Seite 13

Die Figur ist achsensymmetrisch. Alle gegenüberliegenden Punkte haben den gleichen Abstand zur Symmetrieachse.

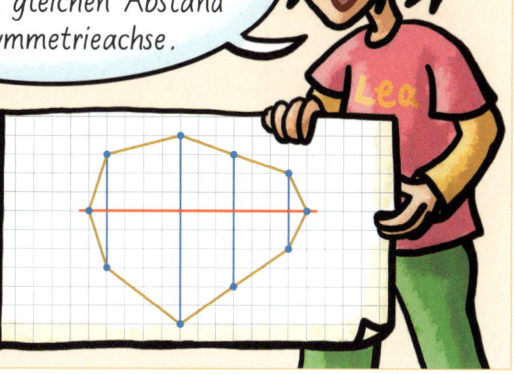

Die Figur ist nicht achsensymmetrisch. Nicht alle gegenüberliegenden Punkte haben den gleichen Abstand zur Symmetrieachse.

1 Stelle fest, welche Figuren achsensymmetrisch sind.

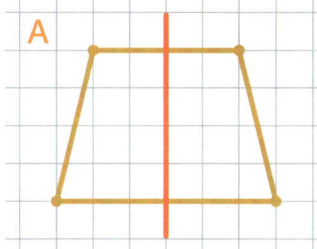

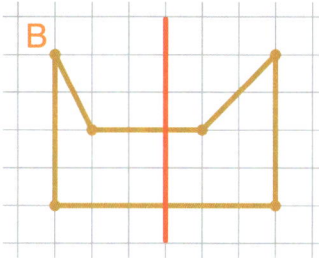

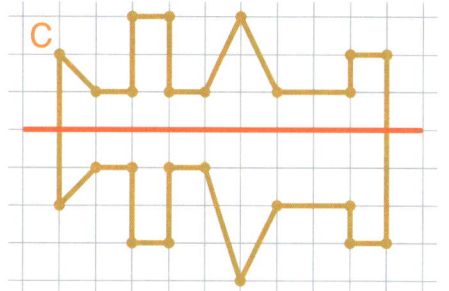

2 Entscheide, welche Figuren achsensymmetrisch sind.
Übertrage diese in dein Heft und zeichne die Symmetrieachsen ein.

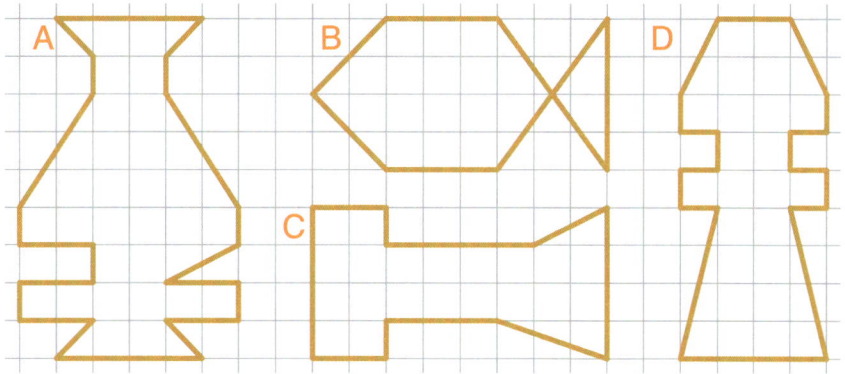

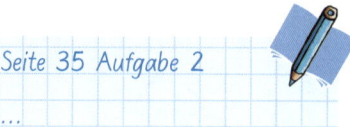

Seite 35 Aufgabe 2

...

| 600 | 300 | 700 | | 400 | 800 | 200 | 500 | | 400 | 100 | 700 | 900 | 500 |

★ überprüfen komplexere Figuren auf Achsensymmetrie
★ begründen Symmetrieeigenschaften über Abstands- und Längentreue
★ zeichnen Symmetrieachsen ein

1 Wähle zwei Figuren aus, die du in dein Heft zeichnest.
Zeichne das Spiegelbild dazu. Benutze dein Lineal.

Seite 36 Aufgabe 1
...

Nach dem Zeichnen
überprüfe ich die Figuren
mit dem Spiegel.

 2 Wähle zwei Figuren aus, die du in dein Heft zeichnest.
Zeichne dann mit Rot alle Symmetrieachsen ein,
die du findest. Benutze dein Lineal.
Besprich deine Ergebnisse mit einem anderen Kind.

Seite 36 Aufgabe 2
...

⭐ übertragen komplexere achsensymmetrische Figuren
⭐ finden alle möglichen Symmetrieachsen und zeichnen sie ein
⭐ zeichnen auf Gitterpapier Spiegelbilder

→ AH Seite 14
→ Ü Seite 10

Spiegelbilder zeichnen

1 Wähle eine der Figuren aus. Übertrage sie in dein Heft. Zeichne das Spiegelbild dazu.

Seite 37 Aufgabe 1

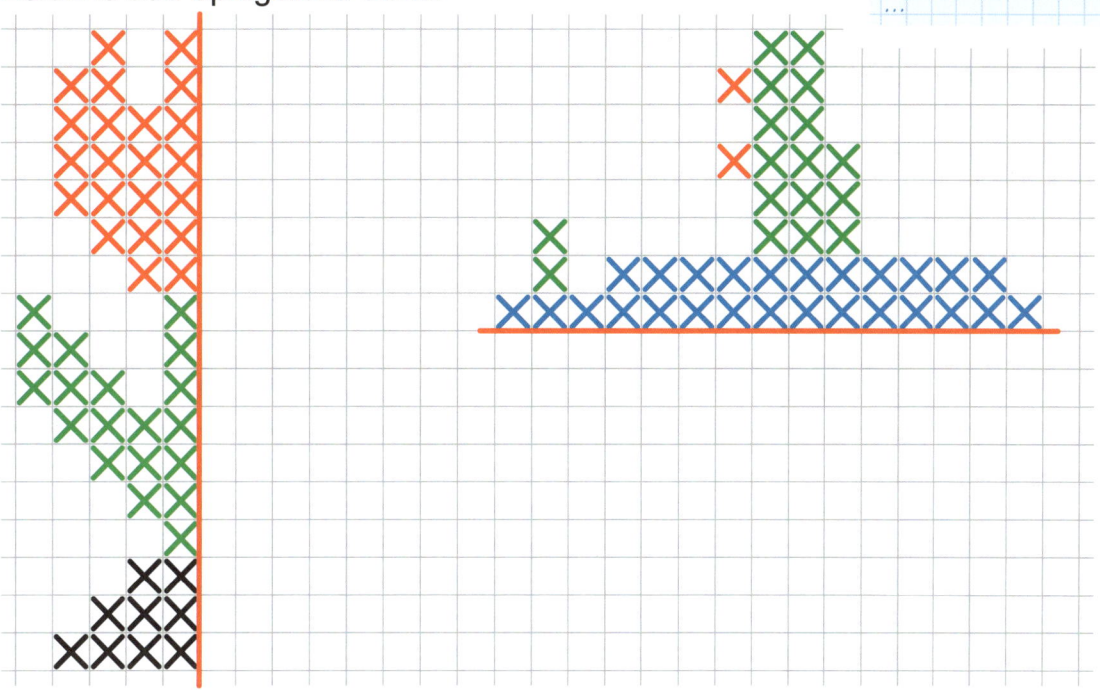

2 Spiegelbilder zeichnen

a) Wähle mindestens eine Figur aus und zeichne sie in dein Heft. Zeichne das Spiegelbild dazu.

Seite 37 Aufgabe 2

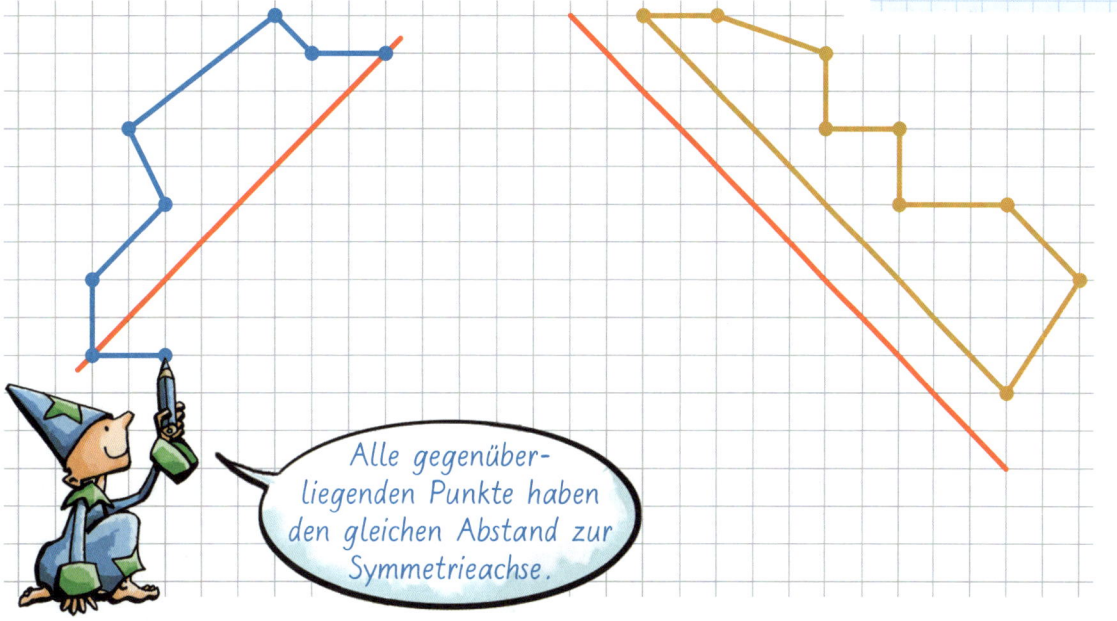

Alle gegenüberliegenden Punkte haben den gleichen Abstand zur Symmetrieachse.

b) Erkläre einem anderen Kind, wie du vorgegangen bist.

3 Zeichne selbst weitere Figuren und eine Symmetrieachse in dein Heft. Zeichne dann jeweils das Spiegelbild dazu.

Seite 37 Aufgabe 3

★ übertragen auf Gitternetz dargestellte Figuren ins Heft und ergänzen Spiegelbilder
★ übertragen die Erkenntnisse zu Symmetrieeigenschaften auf Figuren im Gitternetz mit diagonal angeordneter Symmetrieachse
★ nutzen das Gitternetz beim Zeichnen eigener Figuren und deren Spiegelbilder

1 Gestalte diese Figuren nacheinander mit einem Gummi auf dem Geobrett.
Spanne jeweils mit roten Gummis alle Symmetrieachsen.

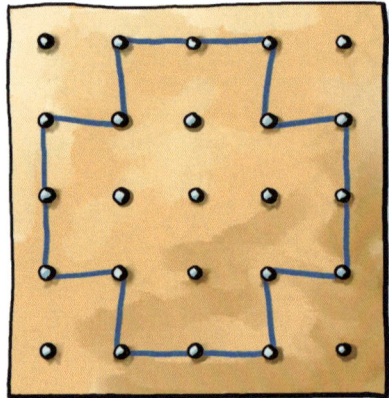 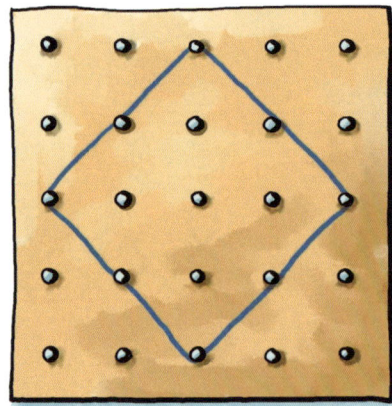 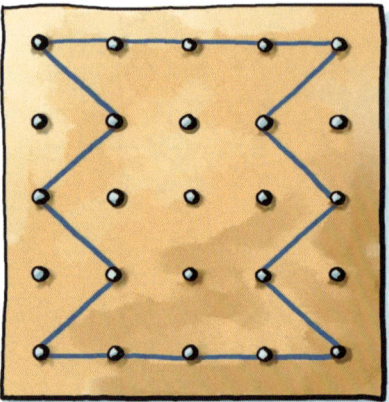

2 Gestalte die Figuren nacheinander mit einem Gummi auf dem Geobrett. Ergänze sie
jeweils mit einem zweiten Gummi zu einer neuen, achsensymmetrischen Figur.

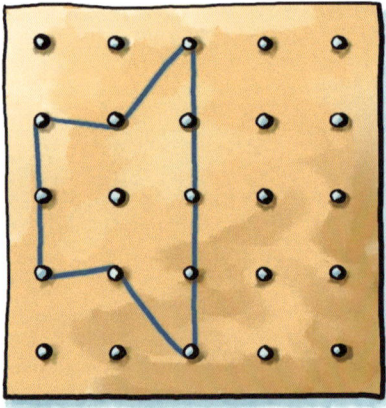 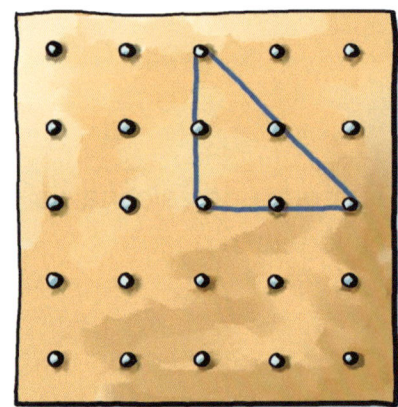 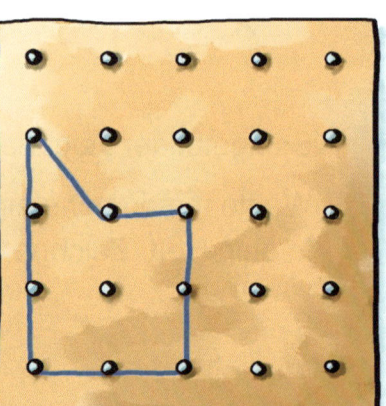

 **3** Erfinde selbst achsensymmetrische Figuren,
die du auf dem Geobrett gestaltest.
Bitte ein anderes Kind, mit einem Gummi
die Symmetrieachse(n) zu spannen.
Tauscht auch die Rollen.

38

* übertragen vorgegebene Figuren auf das Geobrett (Punkteraster) und ergänzen alle Symmetrieachsen
* erzeugen achsensymmetrische Figuren

Achsensymmetrie bei Bauwerken erkennen und nutzen

1 Brücken sind meist achsensymmetrisch. Zeichne mindestens eine der Teilbrücken in dein Heft. Vervollständige sie, indem du das Spiegelbild zeichnest.

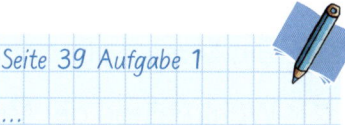
Seite 39 Aufgabe 1
...

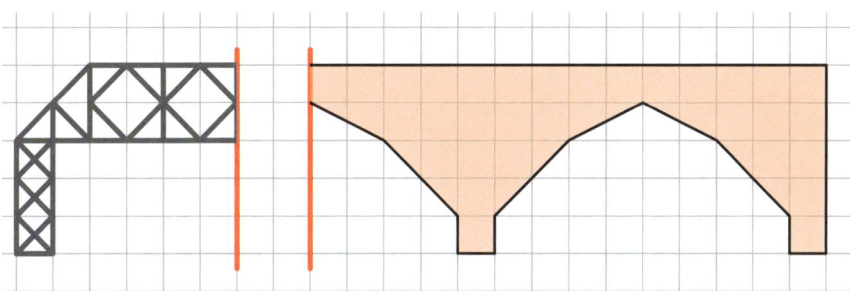

2 Architekten planen Doppelhäuser oft achsensymmetrisch. Übertrage den Grundriss in dein Heft und ergänze die zweite Doppelhaushälfte.

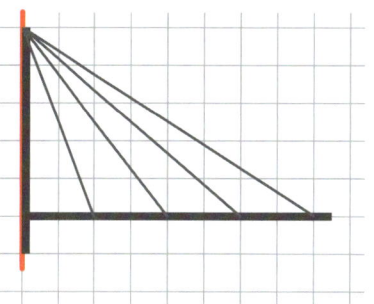
Seite 39 Aufgabe 2
...

3 Übertrage die Teile der Fachwerkhäuser in dein Heft. Zeichne jeweils die Symmetrieachse ein.

a)

b)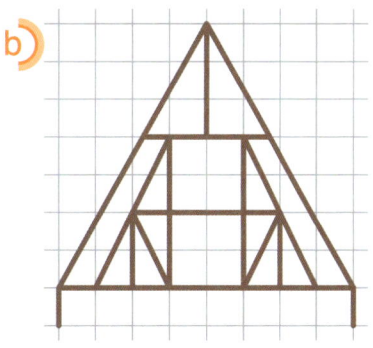

Seite 39 Aufgabe 3
a) ...

4 Du kannst auch Fachwerkhäuser oder andere Bauwerke und Gegenstände in deiner Umgebung suchen. Skizziere die achsensymmetrischen Teile oder das gesamte Haus. Du kannst auch fotografieren.

 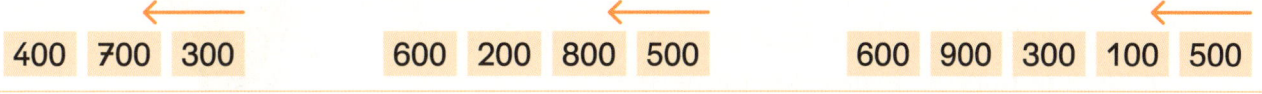

| 400 | 700 | 300 | | 600 | 200 | 800 | 500 | | 600 | 900 | 300 | 100 | 500 |

★ erkennen Achsensymmetrie als eine Eigenschaft von Bauwerken und Bauplänen
★ wenden die Eigenschaften der Achsensymmetrie beim Ergänzen von Bauwerksdarstellungen an
★ finden in ihrer Umwelt achsensymmetrische Fachwerkhäuser oder Ausschnitte davon und skizzieren diese

Symmetrische Muster gestalten

1 Ein Muster abzeichnen

a) Wähle eines der Muster aus und übertrage es in dein Heft.

Seite 40 Aufgabe 1 ...

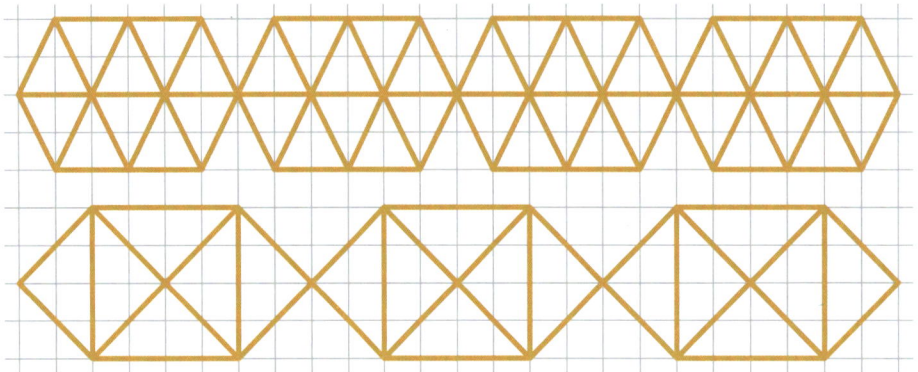

b) Male das Muster so aus, dass jeweils zwei nebeneinander-
liegende Teile symmetrisch zueinander sind.

2 Ein Muster abzeichnen

a) Zeichne zunächst solche Quadrate in dein Heft.

Seite 40 Aufgabe 2

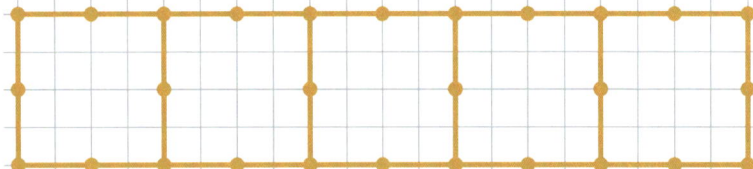

b) Zeichne im ersten Quadrat diese Verbindungslinien ein.

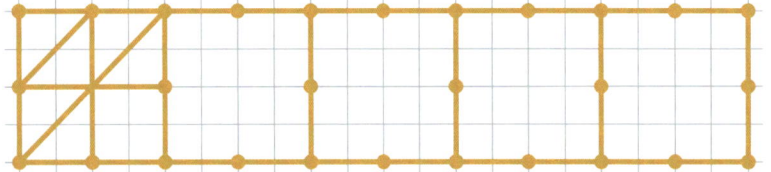

c) Setze das Muster fort:
Zeichne jeweils im nächsten Quadrat das Spiegelbild.

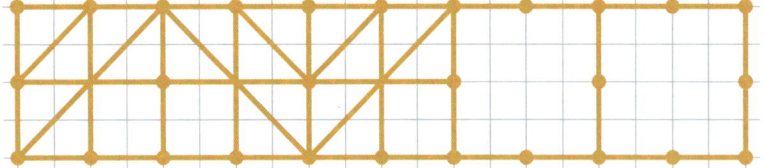

d) Male das Muster so aus, dass zwei nebeneinander-
liegende Teile achsensymmetrisch zueinander sind.

e) Wiederhole die Aufgabe mit einem selbst erfundenen Muster.

3 Beschreibe in deinem Lerntagebuch, was dir beim Umgang
mit achsensymmetrischen Figuren eher leichtgefallen ist
oder was dir noch Schwierigkeiten bereitet.

★ zeichnen vorgegebene achsensymmetrische Muster (Bandornamente) ab und setzen sie fort
★ gestalten achsensymmetrische Bandornamente farblich so, dass die Eigenschaft Achsensymmetrie erhalten bleibt
★ wenden die Kenntnisse über die Struktur eines Musters bei der Gestaltung eines selbst erfundenen Musters an